民國文化與文學研究文叢

三　編

李　怡　主編

第11冊

黑棉襖：民國文化中的舊市民電影
——1922～1931年現存中國電影文本讀解（上）

袁慶豐　著

國家圖書館出版品預行編目資料

黑棉襖：民國文化中的舊市民電影——1922～1931 年現存中
國電影文本讀解（上）／袁慶豐 著 -- 初版 -- 新北市：花木蘭
文化出版社，2014〔民 103〕
序 4+ 目 2+176 面；19×26 公分
（民國文化與文學研究文叢 三編；第 11 冊）
ISBN 978-986-322-783-0（精裝）
1.影評 2.市民社會
541.26208   103012749

特邀編委（以姓氏筆畫為序）：

丁　帆　　　王德威　　　宋如珊
岩佐昌暲　　奚　密　　　張中良
張堂錡　　　張福貴　　　須文蔚
馮　鐵　　　劉秀美

ISBN-978-986-322-783-0

9 789863 227830

民國文化與文學研究文叢
三　編　第十一冊　　　　　　　　ISBN：978-986-322-783-0

黑棉襖：民國文化中的舊市民電影
—— 1922 ～ 1931 年現存中國電影文本讀解（上）

作　　　者　袁慶豐
主　　　編　李　怡
企　　　劃　四川大學現代中國文化與文學研究中心
　　　　　　民國文學與海外漢學研究中心（籌）
　　　　　　北京師範大學民國歷史文化與文學研究中心
總 編 輯　杜潔祥
副總編輯　楊嘉樂
編　　　輯　許郁翎
出　　　版　花木蘭文化出版社
社　　　長　高小娟
聯絡地址　235 新北市中和區中安街七二號十三樓
　　　　　　電話：02-2923-1455／傳眞：02-2923-1452
網　　　址　http://www.huamulan.tw 信箱 hml810518@gmail.com
印　　　刷　普羅文化出版廣告事業
初　　　版　2014 年 9 月
定　　　價　三編 20 冊（精裝）新台幣 35,000 元
版權所有・請勿翻印

黑棉襖：民國文化中的舊市民電影
——1922～1931年現存中國電影文本讀解（上）

袁慶豐　著

作者簡介

袁慶豐，男，1963 生於內蒙古呼和浩特。1993 年 7 月畢業於上海華東師範大學，獲文學博士學位，8 月任南京東南大學講師，9 月改派至北京廣播學院，1996 年晉升副教授。1996～1998 學年、2000～2002 學年北京大學訪問學者。1999 年 8～10 月美國佛吉尼亞州 Tidewater Community College（TCC）交流教授。2000 年被確認北京廣播學院電影學碩士生導師資格,2002 年晉升教授。2009 年被增列爲中國傳媒大學電影學博士生導師。2009～2013 學年北京電影學院訪問學者。

著有《新世紀中國電影讀片報告》（中國傳媒大學出版社 2014 年版），《黑夜到來之前的中國電影——1937 年現存國產影片文本讀解》（中國廣播電視出版社 2012 年版）、《黑白膠片的文化時態——1922～1936 年中國早期電影現存文本讀解》（上海三聯書店 2009 年版）、《欲將沉醉換悲涼——郁達夫傳》（上海文藝出版社 1998 年第一版、香港花千樹出版有限公司 2001 年海外繁體字版、中國傳媒大學出版社 2010 年第三版）、《靈魂的震顫——文學創作心理的個案考量》（學術論文集，北京廣播學院出版社 2002 年版）、《郁達夫：掙扎於沉淪的感傷》（山東文藝出版社 1997 年版）。近十餘年來致力於中國電影歷史理論、中外經典電影文本研究，以及外國電影在大陸的傳播等方面的教學科研，並招收側重中國電影史論方向的研究生和訪問學者。

提　　要

對於 1933 年之前的中國早期電影，現存的影片拷貝本來就很稀少，而幾十年來大陸的電影研究對此亦多有褒貶，或斥之爲小市民的低級趣味，或局限於史料的乾枯整理。本書作者以一己之力，根據現有文本提出了這一時期的中國電影均爲舊市民電影形態的主張，進而認爲，此後的新電影均在舊市民電影的基礎上生成和發展而來，譬如左翼電影繼承了其暴力和情色元素，新市民電影承接了其保守的社會批判立場和時尙精神，而與左翼電影和新市民電影迥異的新民族主義電影則側重強調電影的民族性、文化性和傳統性。作者的觀點不僅獨樹一幟，而且均從實證出發，種種議論，值得一讀。

謹以此書獻給　家嚴

「民國熱」與民國文學研究
——第三輯引言

李 怡

　　經過多學界多年的倡導和努力，「民國文學」的概念在越來越大的範圍內獲得了人們的理解和接受，從民國歷史文化的角度闡述文學現象也正在成爲重新定位「現代文學」的重要思路，從某種意義上看，這可以說是近年來中國文學研究的一大動向。當然，面對我們業已熟悉的一套概念、思路和批評方式，「民國文學」的價值、意義和研究方式也依然需要更多的學者共同參與，並貢獻自己的創造性思想，在更獨特更具規模的「民國文學史」問世之前，種種的疑問是不可避免的。其中之一，就是困惑於社會上越來越強烈的「民國熱」：在不無喧鬧、魚龍混雜的「民國消費」的浪潮中，所謂的「民國文學研究」又意味著什麼？它根源於何方？試圖通往何處？如何才能將流俗的迷亂與學術的理性劃分開來？

　　在這個意義上，釐清當前中國社會的「民國熱」與學術研究的「民國文學」思潮之相互關係，也就成了一件極有必要的事情。

作爲當代大衆文化的民國熱

　　民國熱，這個概念的所指本身並不明確：一種思想潮流？一種社會時尙？一種消費傾向？我們只能先這樣描述，就目前一般報章雜誌的議論而言，主要還是指由媒體與出版界渲染之後，又部分轉入社會時尙追求與大衆想像的「趣味的熱潮」。

　　在一個相當長的時期內，「民國」這一概念通常被另外一個色彩鮮明的詞語代替：舊中國，它指涉的就是那一段早已經葬身歷史墳墓的「軍閥當道，

萬馬齊暗，民不聊生」的時代，因早已結束而記憶發黃，因過於黑暗而不願詳述。而所謂的「民國熱」就是對這些固化概念的反動，重新生發出瞭解、談論這段歷史的欲望，並且還不是一般的興趣，簡直引發了全社會範圍內的廣泛而強烈的熱潮。據說，當代中國的「民國熱」要追溯到 2005 年。餘世存的《非常道》、美籍華人學者唐德剛的《袁氏當國》、張鳴的《歷史的壞脾氣》相繼出版，一反過去人們對「民國」的刻板印象，種種新鮮的歷史細節和「同情之理解」，喚起了中國人對原本早已塵封的這段「舊中國」歷史的新的興味。接下來的幾年中，陶菊隱、傅國湧、何兆武、楊天石、智效民、邵建、李輝、孫郁等「民國見證人」與「民國史學者」不斷推出各種鮮活的「民國話題」，使得我們在不斷「驚豔」的發現中似乎觸摸到了「眞實」的歷史脈搏，而且，這些關於民國往事、民國人物的敘述又不時刺激到了我們當今生活的某些負面，今昔對比，但不再是過去那種模式化的「憶苦思甜」，在不少的時候，效果可能恰恰相反，民國的細節令人欣羨，反襯出今天的某種不足，這裡顯然不無記憶者的美化性刪選，也難免闡釋者的想像與完善，但對於廣大的社會讀者而言，嚴謹考辨並不是他們的任務，只要這些講述能夠填補我們的某種欠缺，滿足他們的某些精神需要，一切就已經夠了。「民國熱」在「辛亥百年」的紀念中達到高峰，如今，在大陸中國的稍具規模的書店裏，我們都能夠看到成套、成架、成壁的民國專題圖書，圖書之外的則是更多的報刊文章、電視節目，甚至服飾的民國懷舊潮流，大陸中國的民國熱還在一定程度上波及到了海峽對岸，在臺灣的圖書與電視中，也不時晃動著「民國記憶」的身影，只是，對於一個自稱「民國進行時」所在，也會同我們一起講述「過去的民國」，多少令人覺得詫異，它本身似乎也生動地提醒我們：民國熱，主要還眞是一種大眾趣味的流變，而非知識精英的文化主題，儘管我們的知識界在其中推波助瀾。〔註1〕

作爲當代大眾文化體現的「民國熱」是由知識分子津津樂道的「民國掌故」喚起興味的，正是借助於這些「恍如隔世」的故事，人們逐漸看到了一個與我們熟悉的生活格局迥然有別的時代和社會，以及生活於其中的個性色彩鮮明的歷史人物，出於某種可以理解的現實補償心理，人們不免在這一歷史意象中寄予了大量的想像，又逐漸將重塑的歷史意象召喚進現實，成爲某

〔註1〕參看周爲筠：《「民國熱」之下的微言大義》，載《南方都市報》，2008 年 1 月 20 日。

種時尙趣味的符號，如在一些婚紗藝術照與大學畢業紀念照中流行「民國服飾」。應當說，作為這一社會趣味的推動力量，一些知識分子的「關於民國」的寫作發揮了明顯的作用，但是，作為流行的社會趣味本身的「民國熱」卻還不能是一種自覺的時代思潮，而只是知識分子的個人的某種精神訴求與社會情緒的並不嚴密的合流，一方面，知識界對這些「民國文化」的提取和發掘尙未進入系統的有序的理性層面，本身就帶有明顯的趣味化和情緒性色彩，包括目前流行甚廣的所謂「民國范兒」，這個本來是一個值得深入探討的精神現象，但是到目前為止，依然主要流於種種極不嚴格的感性描述與文學比喻，而且據說提出者本人也還試圖放棄其概念發明權。〔註2〕

大眾文化，不管我們今天對它的評價究竟如何，都應該看到，這是一種與通常所說的由知識分子自覺建構的並努力納入到精英文化傳統的追求所不一樣的「文化」，它更多地與人們的日常生活方式及生活趣味緊密聯繫，是指普通大眾基於日常生活的需要而生成的種種精神性追求和傾向，它與精英知識分子出於國家民族意識、歷史使命或文化獨創性目標而刻意生產的成果有所不同。當然，作為個體的知識分子既致力於精英文化的建構，又同時置身於大眾生活的氛圍之中，所以嚴格地講，他同樣也擁有大眾文化的趣味和邏輯，受到日常生活文化的影響，也自覺不自覺地影響著以日常生活為基礎的大眾文化。

從精英知識分子的邏輯出發，我們不難發現大眾文化的若干消極面，諸如與媒體炒作對眞正的個性的誤導甚至覆蓋，工業化生產的趣味同質化，五彩繽紛背後隱含的商業利益，對世俗時尙缺乏眞正的批判和反思，甚至對國家意識形態的某種粉飾和媾和等等，當年的法蘭克福學派就因此對資本主義的大眾文化大加鞭撻。的確，源於日常生活需要的物質性、享受性與變異性等特點使得大眾文化往往呈現出許多自我矛盾的形態，這裡就有法蘭克福學派所痛心疾首的「商品性」、「同質化」、「工業生產式的批量化」、「傀儡化」、解構主體意識等消極面，如霍克海默和阿多洛在《啓蒙辯證法》中指出的那樣：「文化工業的產品到處都被使用，甚至在娛樂消遣的狀況下，也會被靈活地消費。」〔註3〕「文化工業反映了商品拜物教的強化、交換價值的統治和國

〔註2〕 舒非：《「民國熱」》，見 2012 年 8 月 10 日「大公網」，http://www.takungpao.com/fk/content/2012-08/10/content_913084.htm。

〔註3〕 霍克海默、阿多諾：《啓蒙辯證法》，洪佩郁、藺月峰譯，重慶：重慶出版社，1990 年版，第 118 頁。

家壟斷資本主義的優勢。它塑造了大眾的鑒賞力和偏好，由此通過反覆灌輸對於各種虛假需求的欲望而塑造了他們的幻覺。因此，它所起的作用是：排斥現實需求或真實需求，排斥可選擇的和激進的概念或理論，排斥政治上對立的思維方式和行動方式。」〔註4〕

所以，我們今天也不難發現大眾「民國熱」中的一些為消費主義牽引的例證。例如今天的「民國熱」也開始透露出不少獵奇和窺隱的俗套，諸如《民國公子》、《民國黑社會》、《民國八大胡同》一類黑幕消費、狹邪消費同樣開始流行一時，走上被法蘭克福學派抨擊的文化解構、文化異化的萎靡之路。

作為學術史演進的「民國文學研究」

上述大眾之熱，在最近一些年給人留下了深刻的印象（有人稱之為「愈演愈烈」），所以當「民國文學研究」的呼聲出現，便自然引起了不少的聯想：這是不是「民國熱」的組成部分呢？又會不會落入獵奇窺隱的窠臼呢？

在我看來，「民國熱」與「民國文學研究」的出現，其最大的相關性可能就在時間上。拋開臺灣學界基於意識形態原因而書寫「中華民國文藝史」不算，中國大陸最早的「民國文學」設想出現在 1990 年代末（陳福康），最早的理論倡導出現在 2000 年代早期（張福貴），但形成有聲有勢的多方位研究則還是在 2000 年代後期（張中良、丁帆、湯溢澤、李怡及「西川論壇」研究群體），這一逐漸成熟的時間剛好與所謂的「民國熱」相重疊，所以難免會給令人從中尋覓關聯。不過，值得我們注意的是，在前述大眾趣味的民國熱之外，其實還有另外一條線索被我們忽略了，這就是學術界對中國近現代歷史的考察和追問方式。

20 世紀初，劍橋史書已經成為英語世界的多卷本叢書典範，《劍橋中國史》從 1966 年開始規劃，迄今已經完成 16 卷，它對歷史的劃分很自然地採用了朝代與政治形態的變化加以命名，至我們所謂的現代與當代分別編寫了《中華民國史》與《中華人民共和國史》各兩大卷，在這裡，「民國」歷史的梳理和描述已經成為國際學界的正常工作，絲毫不涉及流行趣味的興起問題。

在大陸中國，雖然因為政治原因，「民國」一詞一度包含了某種政治禁

〔註 4〕斯道雷：《文化理論與通俗文化理論導讀》，楊竹山譯，南京：南京大學出版社，2001 年版，第 71 頁。

忌，需要謹慎使用，但總體來看，除了「文化大革命」這樣的極端的文化專制時期之外，對「民國史」的關注和研究一直獲得了國家層面的包容甚至支持。《中華民國史》的編修工作可以追溯到半個世紀以前，早於《劍橋中國史》的編寫計劃。1956 年，在「向科學進軍」及「百花齊放、百家爭鳴」的熱潮中，國家科學發展十二年規劃中就已經列入了「民國史」的研究計劃。1961 年是辛亥革命 50 週年紀念，作爲辛亥革命親歷者的董必武、吳玉章等人又提議開展民國史研究。1971 年全國出版工作會議期間，周恩來總理親自指示，將編纂民國史列入國家出版規劃，具體交由中國科學院哲學社會科學學部（今中國社會科學院）近代史研究所負責組織實施，由著名史學家李新先生負責統籌。由於「文革」的環境所限，編寫工作眞正開始於 1977 年，但作爲項目卻始終存在。作爲民國史研究系列之一，《民國人物傳》第一卷於 1978年出版，1981 年，《中華民國史》第一卷上下兩冊亦由中華書局正式出版，至2011 辛亥革命一百週年前夕，全套《中華民國史》共 36 卷全部出齊，被稱爲是中國出版界在近年來的一件大事。有趣的是，《中華民國史》第一卷在當年問世之後，遭到了臺灣學界的激烈批評，被認爲是政治色彩濃厚、評價偏頗的「官史」，當時大陸方面特意回應，辯解說我們的民國史研究不是政治行爲，是完全的學術行爲。雖然這辯解未必完全道出了我們學術制度的現實，但是從那時起，「民國史」的研究至少在形式上已經成爲學術而不是政治的一部分，卻是值得肯定的事實。到今天，史學界內部的民國史研究已經成爲中國學術重要的方向，中華民國史研究被確立爲中國社會科學院重點學科也已經十多年了；致力於「民國史」研究的自然也不只中國社會科學院一家，如南京大學、復旦大學、北京師範大學、中國人民大學等諸多學術機構都在這方面投入甚多，且頗有成就，就是一部《中華民國史》今天也不僅有中國社會科學院牽頭版，也另有南京大學版（南京大學出版社，2005 年，張憲文主編）、中國現代史學會版（四川人民出版社，2006 年）等，2000 年 9 月，南京大學中華民國史研究中心被批准爲教育部普通高等學校人文社會科學重點研究基地，多年來，他們通過編輯出版《民國研究》、承擔國家重點科研項目、連續舉辦中華民國史國際學術研討會、不斷推出大型研究叢書等方式穩健地推動著民國史的研究。

　　這一「民國史」的學術努力試圖突破當代「以論代史」之弊、還原歷史眞實，承襲的是實事求是的中國學術傳統，與當下社會文化的時尚毫無關

係。

民國文學研究的出現和發展同樣是歷史學界實事求是追求的一種有力回應。

同整個歷史學界一樣，中國文學史研究也一度成為「以論代史」的重災區，甚至作為學科核心概念的「現代」一詞也首先來自於政治思想領域，與中國文學發生發展的事實本身沒有關係，以致到了 1980 年代，我們的文學博士還滿懷疑惑地向學科泰斗請教「何謂現代」。1990 年代的「現代性」知識話語讓中國文學研究在概念上「與國際接軌」了，但同樣沒有解決「以中國術語表述中國問題」的困惑，凡此種種，好像都在一再證實「論」的重要性，於是，「以論帶史」的痕迹依舊存在。

如何回到中國歷史自己的現實，如何在充分把握這些歷史細節的基礎上梳理和說明我們文學的發展，我們需要走的路還很長很長。

「民國文學」概念的重新提出，其實就是創造了一種可能：我們能不能通過回到自己的國家歷史情態之中，就以這些歷史情態為基礎、為名詞來梳理文學現象——不是什麼爭議不休的「現代」，也不是過於感性的「新文學」，就是發生在「民國」這一特定歷史語境中的精神現象和藝術追求，一切與我們自己相關，一切與生存於「民國」社會的我們相關。

就是這樣，本著實事求是的治史傳統，我們可以盡可能樸素地返回歷史的現場，勘探和發掘豐富而複雜的文學現象。實事求是，這本來是當年「民國史」負責人李新先生的願望，他試圖倡導人們從最基礎的原始材料做起，清理和發現「民國」到底有哪些值得注意的史實，這樣的願望雖然在「文革」的當時並不能實現，但卻昭示了一代民國史學人的寶貴的學術理想。今天，文學史研究也正在經歷一場重要的轉型，這就是從空洞的理論焦慮中自我解放，重新返回歷史，在學術的「歷史化」進程中鳳凰涅槃，迎來自己新的生命。

只有在這樣的學術脈絡中，我們才有可能洞悉「民國文學」研究的真諦，也才可能將真正學術的自覺與大眾文化的潮流區分開來，為將來的文學史研究開闢嶄新的道路。

社會的時尚是短暫的，而文學史研究的發展卻有它深遠的思想淵源。

大眾的文化是躁動的，而我們需要的學術卻是冷靜的、理性的。

當下的潮流總是變動不居的，除了「民國」之熱，照樣還有「啓蒙」的

熱,「黨史」的熱,「國學」的熱……不是每一椿的「時髦」都可以牽動學術思想的重大演變,儘管它們可以在某種程度上相遇,也可以發生某種的對話。

　　一切都是如此的不同,一切本來也就是根本不同。

熱中之冷與冷中之熱

　　我如此強調文學史學術的冷靜與理性,與鼓譟一時的社會潮流區別開來,這當然並不意味著我們的工作是封閉於社會,不食人間煙火的學院活動,當代學術向著「歷史化」的方向轉型,這並不意味著學術從此與主體感受無關,與社會關懷無關,從根本上看,這是一種對於研究主體與歷史客體雙向關係的全新的調適,我們必須最充分地尊重未經干擾的事實本身,同時也要善於從歷史事實的豐富中把握我們感受的真實性,在過去的歷史敘述中,我們對此經驗欠缺,希望「民國文學史」研究能夠讓我們重新開始。

　　這也就是說,雖然我在根本上強調了學術邏輯與時尚邏輯的不同,但是,我也無意拒絕從社會的普遍感受中獲得關於「歷史價值」的追問和思考,包括對大眾文化內在意義的尊重和關注。法蘭克福學派曾經激烈地抨擊了大眾文化的諸多弊端,不過,這不能掩蓋另外一些學者如英國的文化研究(如費斯克的學說)從相反的角度所展開的正面的發掘與肯定,這指的是對大眾文化追求中積極的建構性意義的褒揚。如費斯克所欣賞的反抗性、自由選擇性,正所謂「身體的快感所進行的抵抗是一種拒絕式的抵抗,是對社會控制的拒絕。它的政治效果在於維持著一種社會認同。它也是能量和強有力的場所:即這種拒絕提供強烈的快感,並因而提供一種全面的逃避,這種逃避使身體快感的出現令上層覺得驚慌,卻使下層人民感到了解放。」〔註5〕中國的大眾文化是在結束文革專制、社會改革開放的過程中發展壯大的,這樣的過程本身就與法蘭克福學派所警惕的成熟的資本主義文化不盡相同,它在問題重重的同時依然帶有抵抗現實秩序的某些功能,因此值得我們認真對待。即以我們目前看到的「民國熱」為例,一方面其中肯定充斥了消費主義的萎靡之態與嘩眾取寵的不負責任,但是,在另外一方面,我們卻也應該承認,帶動了「民國熱」的許多講述者本身也是民國史的研究者和關注人,他們兼具知識

〔註5〕費斯克:《理解大眾文化》,王曉珏、宋偉強譯,北京:中央編譯出版社,2001年版,第64頁。

基礎與人文關懷，即使是對「民國」的浪漫化的想像也部分地指向了某種對理想信念的緬懷——教育理念、文化氛圍、人格風骨等等——顯然不都是歷史的事實，但是提出問題本身卻無不鑒古知今，繼續變革中國、造福民族的意味，這卻不是無的放矢的。這樣的大眾文化包含了某些值得深思的精神訴求，在信仰沉淪、物質至上、唯利是圖的時代，尤其不可為「治民國史」者所蔑視，在某些時候，其本質上胸懷民族未來的激情恰恰應該成為學術的內在動力。

當然，社會情懷的擁有並不就是學術本身。學術自有自己的理念和法則，作為學者，我們思考的不是改變這些法則去遷就大眾的情趣，相反，是更好地尊重和完善法則，讓法則成為社會情懷的合理的延伸和提煉。民國文學的研究首先是學術，不是轉瞬即逝的社會潮流，與那些似是而非的「民國熱」比較，我們起碼還應該在下面幾個方面意識清晰：

第一，作為學者而不是媒體人，思想是學者的第一生命，而思想的提煉必須來自於對現實生活的有距離的觀察和判斷。我們要特別強調一種理性的認知，以代替某些煽情式文字書寫。之所以這樣強調，乃是在「學術通俗化、市場化」的今天，學術著作有時混同於媒介時代大量的「抒情讀物」中，如果單純依從大眾閱讀的快感，難免會模糊掉學者的本位，使思想讓位於抒情。

其次，作為歷史敘述的工作者，我們應該盡力還原歷史的複雜性，以區別於對歷史的想像。作為大眾文化的精神需求，其實不可能「較真」，有時候似是而非的故事更能夠調動人們的情緒，但是對於歷史工作者就不同了，它必須對每一個細節展開盡可能的考察、追問，即使充滿矛盾之處，也必須接受仔細的勘探和分析，當然，這樣的刨根問底可能會打破不少的幻夢，瓦解曾經的想像，就是「歷史見證人」的「口述實錄」也必須接受專業的質疑，未經質疑和考證的材料不能成為我們完全信賴的根據，這樣的「工作」常常枯燥而繁瑣，並不如一般大眾想像的那麼自由和愜意，但是學術的真相必須在直面這樣的事實之中，只有洞察了所有這一切的矛盾困惑，我們方能獲得更高的事實的頓悟，也只有不間斷的疑問，才能推動我們對「問題」的不斷髮現。正如有學人指出的那樣：「民國自有許多值得我們繼承、借鑒的遺產，如自由之精神，如兼容並包的大學氣度等等，但我們不應不加辨析，只選取光鮮處，一味稱歡；更無意於要在民國諸賢中分個高低上下，使孔子大戰耶

穌，魯迅 PK 胡適，只是覺得我們在關注歷史人物時，首先要研究其思想、事功，而非僅僅作爲飯後談資的八卦、段子。」〔註6〕

　　第三，民國文學的研究最終是爲了解釋說明文學本身的問題而不是其他。這裡的「其他」常常就是大衆豐富的需求，或者爲了各自的政治道德目標，或者爲了心理的釋放，或者就是獵奇與八卦，一切事物都可以成爲談資，一切談論的方式都無不可，超越「專業」的任性而談往往更具某種「自由」的魅力。但是，一旦真正進入專業研究，這都是學術的大敵。民國文學研究最終是爲了深刻地解釋和說明民國時期的文學何以如此，所有「文學之外」的信息都必須納入到對「文學之內」的認定才有其必要的價值，而且這些信息的真正性也須得我們反覆校勘、多方考辨。在「文學解釋」的方向上，關於「民國」的種種逸聞趣事本身未必都有價值，未必都值得我們津津樂道，只有能夠幫助我們重新進入文學文本的「故事」才具有學術史料的意義。

　　最後，也是我們必須格外重視的一點，那就是學術研究所包含的社會情懷主要是通過對社會文化環境的緩慢的影響來實現的，它並不等於就是目標單純的政治抨擊，也不同於居高臨下的道德訓誡。就民國文學研究而言，如何我們能夠在學術研究中發掘某些民國文學的發展規律，揭示某些民國作家的精神選擇，闡述某些文學文本的藝術奧妙，本身就對當前的文學生態發生默默的轉移，又經過文學的啓迪通達我們更大的當代精神，誠如斯，學術的價值也就實現了。學術研究有必要與傳統所謂的「現實隱射」嚴格區別開來，雖然我們能夠理解傳統中國的專制主義壓抑下「隱射」思維出現的理由，但是在總體上看，精神活動對社會現實的影響應當是正大光明的，而「隱射」思維卻是偏狹的和陰暗的，文學研究是排除「預設」的對歷史現象的豐富呈現，「影射」卻將思想牽引到一個特定的主觀偏執的方向之上，不僅不能真正抵達真相，而且還可能形成對歷史事實的扭曲和遮蔽，學術擁有更爲開闊的目標和境界，而「影射」則常常被個人的私欲所利用。和一切嚴肅的學術研究一樣，民國文學研究是在健康和積極的方向上爲中國的當代文化貢獻自己的智慧和力量。

　　恰恰是「民國熱」之中，我們需要一種「冷」的研究，當然，這「冷」並非冷漠，而是學術的冷靜和理性的清涼。

〔註6〕王晴飛：《冷眼「民國熱」》，《文學報》，2012 年 7 月 5 日。

他山之石，如何攻玉？
——寫在袁老師新書前的話（代序）

　　但凡學者學到了一定的境界，就必須出幾本書玩玩兒，以此用來告訴親朋好友同事學生上至領導下至鍋爐工，「老子這些年不是白幹的」！出書雖然是頂正常不過的一件事，但別人家的學者都是想著法讓名師大家來給自己寫序，最次也得是同重量級的選手，好歹給自己的學術著作增加點分量，但袁老師最喜歡做的事情，是號召學生來挑戰一下他這些年辛苦建立起來的學術體系。如果你們認為他老人家這是嘩眾取寵，故意不按牌理出牌，那就大錯特錯了。跟著袁老師久了你就會發現，他只不過是個太過表裏如一的人，就像他一直倡導的那樣：要教學相長、共同進步，怎麼說的，我就怎麼去做而已。能夠分享喜悅真是世間一大樂事，所以這一次，我很高興看到，這幾年裏袁老師在課堂上囉裏囉嗦不停念叨的那些時代人士根本沒接觸過的東西，終於可以稍微擴大範圍走出北京定福莊了。

　　這些廣大時代青年所不曾接觸到的東西，就是民國電影。曾有人問我，你在學校裏都研究什麼？我說，老電影啊。他們很詫異地說，那些上世紀五、六十年代的電影有什麼可看的啊？如果我告訴他們，我們整天琢磨的可都是二、三十年代的電影，他們一定會認為我們是一大撥兒來自星星的非人類。跟著袁老師學習當然有好有壞，好處就是，能夠瞭解到不少冷門知識，比如，比基尼、連衣裙、抽水馬桶這些個東西原來那個時代就已盛行；壞處當然也有不少，其中一個最明顯的就是，所謂代溝不止局限在了年齡，還局限在了欣賞範圍上，襯得自己越發顯老。

在將1920～1930年代的電影研究了個底朝天之後，袁老師自創的學術體系構架已經搭建地越來越穩固了，想試著找找其中哪個銜接部位的螺絲鬆動了，其實不是件太容易的事。早在袁老師出前面兩本關於早期電影的書的時候，我的師兄師弟們已經針對他的想法提出了很多質疑，比如「新市民（電影）」的提法是否嚴謹，對「高度疑似政府主旋律電影或曰新民族主義電影」的歸類是否顯得不夠學術化，先構建體系然後拼命將所有電影往這個體系裏填塞的做法是否科學等等。時至今日，袁老師已經將所有1922～1937年間公眾能夠看到的電影都做過了個案研究，這一回，他又將著力點重新放在了「舊市民電影」上。

到了1930年代，電影開始有了新舊之分，這是學界公認的事實，可是對於新舊市民電影的分類，雖然老師自認為他的體系堅不可摧，我卻總覺得有些過於簡單粗暴。比如，先從概念來談，何謂舊市民電影？必須滿足以下幾個條件：一、是有聲電影出現之前的默片，二、人物都是中產階級以上，三、落後的思想觀念，四、世俗的審美趣味。其實在這些規則設定裏面，有好幾條都不是獨此一家別無分店的，至少中產階級的設定和世俗的審美趣味在以後出現的電影裏一直有迹可循。還有一個必須考慮的問題是，現在公眾能夠看到的1932年之前的電影僅有十幾部，這種體系是否可以和諧融洽地接納以後可能會出土的1932年之前的其他電影呢？

作為一個文學專業出身的文藝老青年，袁老師利用自己的專業優勢對民國電影的文化內涵進行了孜孜不倦的探討和研究，成果不說夠得上喜大普奔，至少是對得起自己每晚把辦公室坐穿的精氣神了。這本書在寫作方式和表達習慣上都與前兩本早期電影研究著作一脈相承，還是熟悉的前言、正文和題外話。但本書裏最讓人驚喜的地方在於，特意加入了每部影片的鏡頭統計。這意味著，袁老師的電影研究又朝著更加專業的方向邁進了一步。然而，這些羅列出來的大量數據值，並沒有成為文章某些論點的支撐，也沒有針對這些數據而談的一些具體的看法。這也許是本書的一大遺憾吧。

正如袁老師自己說的那樣，他從來不想把這些對民國電影的分類變成一種類型，因為類型太過狹窄，而流派太過寬泛，所以他選擇了「形態」。形態研究應該算得上一種比較新穎的研究方向，但是用在電影上面，似乎更偏重於一部片子所表現出來的外部狀態，那麼這與老師一直研究的電影文化內涵是否有些衝突呢？而且一部片子所呈現出來的「形態」，往往是編導無意識的

結果。針對早期電影形態的研究，其實可以算作一種突破，但這種突破是否能夠成為以後研究電影的一個參考方向，還有待考察。

袁老師一直命人提些意見，但每當我心裏有些小想法蠢蠢欲動之際，他總不忘補一句：「對於我的那套東西我簡直是太有自信了，任你說破天我也能找到我的理由。」所以，有老師知識分子那靦腆而又強大的驕傲擺在那裡，我只能試著用一塊石頭去攻一攻他那在辦公室將屁股坐出繭子來才好不容易鍛造出來的一塊玉，不為替代和改變，只是為了能夠將他那份對於學術研究的執著追求和純粹信仰延續下來。

剛得了 86 屆奧斯卡最佳導演獎的阿方索·卡隆在領獎時說：「正如其他人的不懈奮鬥一樣，做電影可以看作是一種能夠改變人的經歷。電影很好看因為它需要花很多時間——但是這並不是在浪費時間。對於我來說，只是頭髮顏色的改變而已。」我想，對於袁老師來說也是一樣，他所有的在某些人看來可能是浪費時間的工作，對於他來說，也只是頭髮顏色的改變而已，他還會一直做下去的。

中國傳媒大學電影學專業 2011 級碩士研究生　劉慧姣

2014 年 3 月 5 日

上　冊

序

本書體例說明⋯⋯⋯⋯⋯⋯⋯⋯⋯⋯⋯⋯⋯⋯ 1

導論　「有幾分證據，說幾分話」——中國早
期電影歷史文本實證研究的理論價值
和現實意義⋯⋯⋯⋯⋯⋯⋯⋯⋯⋯⋯⋯⋯ 5

第壹章　現在公眾能看到的最早、最完整的中國
國產故事片——《勞工之愛情》（《擲果
緣》，1922 年）：舊市民電影個案讀解之
一⋯⋯⋯⋯⋯⋯⋯⋯⋯⋯⋯⋯⋯⋯⋯⋯⋯ 25

第貳章　外來文化資源被本土思想格式化的體現
——《一串珍珠》（1925 年）：舊市民電
影及其個案讀解之二⋯⋯⋯⋯⋯⋯⋯⋯⋯ 39

第參章　新知識分子的舊市民電影創作——以
1927 年民新影片公司的《海角詩人》（殘
篇）為例⋯⋯⋯⋯⋯⋯⋯⋯⋯⋯⋯⋯⋯⋯ 55

第肆章　傳統性資源的影像開發和知識分子對舊
市民電影情趣的分享——《西廂記》
（1927 年）：民新影片公司的經典貢獻⋯⋯ 81

第伍章　積極搶佔道德制高點，而且要把戲做足
——《情海重吻》（1928 年）：表裏如一
的舊市民電影⋯⋯⋯⋯⋯⋯⋯⋯⋯⋯⋯⋯ 99

第陸章　新時代中的舊道德，老做派中的新氣象
——《雪中孤雛》（1929 年）：舊市民電
影及其個案讀解之六⋯⋯⋯⋯⋯⋯⋯⋯⋯ 117

第柒章　陳舊依舊，依舊綠肥紅瘦——《兒子英
雄》（《怕老婆》，1929 年）：舊市民電影
及其個案讀解之七⋯⋯⋯⋯⋯⋯⋯⋯⋯⋯ 133

第捌章　舊市民電影的題材、主題、藝術範式和
文化資源的主要特徵——以友聯影片
公司 1929 年出品的情色武俠片《紅俠》
為例⋯⋯⋯⋯⋯⋯⋯⋯⋯⋯⋯⋯⋯⋯⋯⋯ 149

目
次

下　冊

第玖章　舊市民電影的情色、打鬥與噱頭、滑稽
　　　　特徵的又一新證據──以1929年華劇
　　　　影片公司出品的武俠片《女俠白玫瑰》
　　　　為例 ………………………………………… 177

第拾章　舊市民電影的道德圖解與新民族主義
　　　　電影的生長點──以1931年聯華影業
　　　　公司出品的《戀愛與義務》為例 ………… 201

第拾壹章　配角比主角出色，女兵勝俠客百倍
　　　　　──《一剪梅》（1931年）：1930年
　　　　　代初期的舊市民電影讀解之二 ………… 229

第拾貳章　舊模式的慣性遺存和新信息的些許
　　　　　植入──《桃花泣血記》（1931年）：
　　　　　1930年代初期的舊市民電影讀解之
　　　　　三 ……………………………………………… 245

第拾參章　這豔麗，一半來自落日，一半來自朝
　　　　　霞──《銀漢雙星》（1931年）：1930
　　　　　年代初期的舊市民電影讀解之四 ……… 263

第拾肆章　舊市民電影最後的輝煌──以明星
　　　　　影片公司1931年出品的《銀幕豔史》
　　　　　為例 ……………………………………… 281

第拾伍章　大眾審美、知識分子話語與新電影市
　　　　　場需求的時代共謀──1932年：「新」
　　　　　《南國之春》與「舊」《啼笑因緣》
　　　　　的對比讀解 ………………………………… 315

主要參考資料目錄 ………………………………………… 335

跋：「禮失而求諸野」 …………………………………… 339

拾伍部影片信息 …………………………………………… 345

本書體例說明

甲、本書中以個案形式讀解的影片，全部來自我收集的 VCD 或 DVD 碟片。其中，《勞工之愛情》、《一串珍珠》、《西廂記》、《情海重吻》、《雪中孤雛》、《兒子英雄》、《桃花泣血記》、《南國之春》等，均屬於中國大陸公開發行的「俏佳人」品牌系列（廣州俏佳人文化傳播有限公司總經銷）；少數影片如 VCD 版之《銀漢雙星》，DVD 版之《一剪梅》，雖然不是出自這個系列，但亦是中國大陸市場對普通民眾公開售賣的合法產品。此外，《海角詩人》、《紅俠》等，源自大陸同行純學術目的資源共享式友情饋贈；《女俠白玫瑰》、《銀幕豔史》、《戀愛與義務》等，均出自北京中國電影資料館館藏影片的學術交流和公開營業性放映〔註1〕。

乙、本書中以個案形式討論的全部影片，均按照其出品年月或公映時間排序，並以《中國電影發展史》第一卷（程季華主編，中國電影出版社 1963 年版）所給出的年月為主要依據。同一年內的影片先後順序，除非有確切的時間依據，一般按照類型敘述的方便排序。所有影片的時長標注，則均以 VCD 或 DVD 版本之實際時長為準，因此，可能會與相關資料譬如 IMDB（Internet

〔註1〕中國電影藝術研究中心專業人士公開表示：「現在我們能夠看到的 1949 年以前的中國電影只有二百多部。……中國電影資料館現存的 1949 年前的中國電影應該在 380～390 部左右。也就是說，加上殘缺不全的和不能放映的，至少還有 100 部以上的電影可以挖掘」（饒曙光：《關於深化中國電影史研究的斷想》，載《當代電影》2009 年第 4 期，第 72 頁）。更有前輩再次呼籲：「資料開放，資源共享！」（酈蘇元：《走近電影，走近歷史》，載《當代電影》2009 年第 4 期，第 63 頁）。我同意業內專家的意見，籲請中國電影資料館（北京）儘快向公眾開放其豐富的館藏影片，恢復其公共學術資源的本來面目，使之更好地為社會服務。

Movie Data Base，互聯網電影數據庫）的標注有些許出入。其原因，很有可能是原膠片本身的缺失或轉錄時有意無意地疏漏造成，因此，不能保證其原始面目的時長。

丙、每章正文前面的**專業鏈接 2**：中的原片中英文片頭，以及片頭或片中演職員表的中英文字幕，一律按照原影片出現的樣式和順序列出。文字缺損或沒能進入 VCD 或 DVD 版本翻拍屏幕之內的，則根據相關資料補出，並放入「【】」括號中；無從辨認和訂正的，以「□」表示闕如。此外，演職員表中放入圓括弧即「( )」裏面的文字，是我的補充說明。譬如《勞工之愛情》的如次格式：主演：鄭鷓鴣（飾演鄭木匠）、余瑛（飾演江湖醫生的女兒）、鄭□□（飾演江湖醫生）。

丁、本書各章的形成，均建立在我歷年來在本科生和研究生課堂教學中使用的講授大綱和演講錄音原始稿的基礎上，雖經多次完善、補充並最終修訂成文，但並沒有從根本上改變我的固有觀點和原有論證體系。而由於研討時間、聽課對象以及演講場合的不同，在涉及多部電影相同的時代背景和藝術發展脈絡時，不得不保留多有近似甚至是重複性的觀點、表述以及同樣的參考文獻。考慮到現在讀者審閱讀取時的理解方便，對此基本上不做大的改動或刪削，依然保持各篇章（影片）相對獨立、自成體系的面貌，以盡可能復原現場觀摩後的感性氛圍和觀照角度。

戊、考慮到即使是專業觀眾群體譬如影視專業的在讀學生，對本書具體讀解的 15 部影片，也未必都有完整和耐心觀賞的興趣，因此，根據十年來我個人的研究心得和學生在課堂上的觀摩反映，於每部影片的文字分析之前，給出了一個純個人標準的影片**觀賞推薦指數**：供讀者諸君參考批判。實際上，我認為二星及二星以下的影片大多只具有專業史料性質，三星及三星以上的影片至今還有觀賞價值，而四星及四星上的，仍然具有強烈的現實意義和重新讀解價值。

己、本書的第 1、2 章，第 4、5、6、7 章，第 11、12 章，第 15 章的主體部分，都曾被各層級的學術雜誌採用，其原有的整體面貌在收入《黑白膠片的文化時態──1922～1936 年中國早期電影現存文本讀解》（上海三聯書店 2009 年 10 月第 1 版）一書時基本得以恢復；其次，本書的《導論》，以及第 3 章，第 8、9、10 章，在收入本書前，文字的主體部分均已公開發表於學術雜誌，此次收入本書時，亦以其完整面貌展示。這兩大部分在結構本書時，

爲統一格式，我只做了微調，改正了一些錯訛字句，並將雜誌版中增加的文字酌情補入。對此，我特別於每一章的最後一條注釋：中，對每一章收入本書前的發表情況逐一做了具體交代，敬請諸君核查比較。

　　庚、本書中的一切文字表述，但有借鑒、參考或引用他人著述及數據、論點的情形，我都已依照學術研究之慣例通則逐一鄭重注明了詳細出處，不敢掠美。除非引用，本書所有的見解、觀點的表達，都始終堅持使用第一人稱單數，以表明本人獨立完成的學術原創性，以及對論述中出現的所有個人見解和學術觀點負責的嚴肅態度。

袁慶豐　甲午正月謹啓

導論 「有幾分證據，說幾分話」——中國早期電影歷史文本實證研究的理論價值和現實意義[*]

內容提要：

　　1932 年新電影出現之前，中國早期電影屬於舊市民電影形態。1938 年之前，新電影除了左翼電影，還有新市民電影、新民族主義電影、「軟性電影」，以及左翼電影的升級換代版「國防電影（運動）」。抗戰期間，作為抗戰文藝的必要組成部分，國統區基本上是國防電影一統天下，而新市民電影、「軟性電影」和新民族主義電影則容身於淪陷區。1948 年前後，新市民電影和左翼電影得以恢復。1949 年後，兩岸三地的電影各自前行，至 1990 年代晚期之前，香港電影始終是早期中國電影或曰民國電影的正宗傳人。2000 年前後的中國電影，實際上承接和發揚了早期中國電影的內在精神和藝術範式，並繼續從中汲取寶貴的民族文化和歷史傳統資源以求新生。【本文強調早期電影文本實證研究的價值，通過舊市民電影、新市民電影、新民族主義電影等概念揭示中國早期電影的豐富性和複雜性。】

關鍵詞：中國早期電影；舊市民電影；新市民電影；左翼電影；國防電影；新民族主義電影；

---

* 標題引號中的話語出胡適（1946 年 3 月 7 日《致劉修業信》）。

甲、【一】

　　現在是網絡時代，人們對電影的**觀賞【觀賞電影】**已經不再像以往那樣以電影院為主要的獲取渠道，尤其是早期的中國電影。這裡的早期是一個廣義的早期，指的是 1949 年前出品的電影，亦即民國電影。人們對待這些影片尤其是一些著名的早期電影【名片】，譬如 1930 年代的《十字街頭》、《馬路天使》，1940 年代的《一江春水向東流》、《小城之春》等等，很多都是從網絡上觀看並獲取相關的歷史信息。**稍微留心一下就會發現，【而】**網上對這些電影的**學術界定【描述】**可謂是五花八門。

　　僅就《十字街頭》和《馬路天使》而言，有的說這是「左翼電影」，有的說是「國防電影」，還有的說是「抗日電影」，**貌似更多的說法是**「優秀影片」或者「進步影片」。對於一般觀眾來說，這樣的表達或者這樣的【描述】信息提供可能就足夠了，**或者說知道這是中國 1949 年以前的老電影就可以了**。但是對於中國電影歷史的研究者，以及對中國電影歷史稍有興趣思考和有深度信息需求的專業院校學生來說，這樣的現象就不能令人滿意，**或者說【甚至】**是令人擔憂的（註1）。

　　原因很簡單，歷史上的電影難道只有優秀的或進步的電影存在麼？僅僅用那些「優秀的電影」或「進步的電影」這樣的稱謂，能【全面】反映和說明中國早期電影歷史的真實風貌嗎？進一步說，僅僅是左翼的、國防的、抗日的（電影），就能夠概括和表達早期電影的**真實面目【成果】**麼？就 1949 年之前的中國電影歷史而言，從 1905 年算起，【到 1949 年中國電影的歷史也】有 45 年【之久】，而現存的、【目前】公眾可以看到的【這一時期的】電影，至少有 100 部左右，其中，1938 年之前的影片約占一半左右。如果把這些影片劃分為【以】進步的或優秀的【為標準】，那麼，**就應該還有不優秀的、不進步的【影片難免受到忽視】**。對不？

〔註1〕我把《十字街頭》和《馬路天使》歸入新市民電影序列，對這兩部影片的具體論述，祈參見拙作《〈十字街頭〉：20 世紀 30 年代「蟻族」生活寫照與喜劇化處理》（載《浙江傳媒學院學報》2010 年第 6 期），《〈馬路天使〉：新市民電影的經典之作——基於左翼電影和國防電影背景的審視》（載《汕頭大學學報》2011 年第 1 期），兩文均收入拙著《黑夜到來之前的中國電影——1937 年現存國產影片文本讀解》（中國廣播電視出版社 2012 年 1 月版），敬請批評。至於《一江春水向東流》和《小城之春》，我將其分別劃分為新市民電影和左翼電影，具體的文本分析和論證早已完成，但尚無發表機會，敬請留意為盼。

　　從常識上來說，這種劃分標準早已過時並爲公衆所拋棄。問題是，那些不優秀的、不進步的影片，其本身的存在是不能忽視的。那麼，如何看待、劃分、觀賞，乃至借鑒這些影片，顯然就不僅僅是一個理論問題，事實上它【也】是一個可以操作的實踐性問題。這個可操作的層面包括給觀衆提供直接有效的指導理念，首先是【即從早期電影文本入手】，感性地認識中國早期電影歷史的原始風貌，其次是從中梳理出可以用之指導當下電影創作的和電影研究的思路。換言之，對早期中國電影的歷史的認識，對於專業研究者來說，既是責無旁貸的，也是必須有所作爲的。【在豐富的感覺經驗基礎上形成新的概念或範疇，從而更全面展現中國早期電影的豐富性與複雜性。】

《馬路天使》既不是左翼電影也不是國防電影，更不是神馬抗日電影，它屬於左翼電影誕生（1932）一年後（1933）出現的新市民電影，其特徵之一，就是有條件地抽取和借助左翼電影的思想元素。（附注：以上圖片在雜誌上發表時被調整至現在第三張圖所在的位置）

乙、【二】

　　從理論上說，普通大衆都能感知到的現象和問題，實際上就已經涉及到了中國電影歷史理論研究的基本思路問題。譬如【中國早期電影的豐富和複雜性表現在多個層面。比如，關於外國電影對中國電影的影響問題。】2011

年中國傳媒大學碩士研究生電影學專業的入學考試【以此爲題，】題目當中，有一道史論方向的必答題（60 分），曰：「中國電影在一百年來的歷史形成與發展過程中，大部分時間都或多或少地受到外國電影或大或小、或深或淺的影響，請試從諸方面申論之」。

　　對這個題目，大部分考生都會想到美國電影和蘇聯電影的影響。就美國電影而言，從 1916 年（由於第一次世界大戰的爆發）國產電影的膠片進口從依賴德國轉到美國之後，一直到 1949 年，美國電影對中國電影的影響既是巨大的、直接的，又是全方面的、多層次的，從電影公司的經營模式到電影生產的類型化，乃至對表演風格（譬如卓別林）的模仿借鑒都是有目共睹的。就蘇聯電影而言，【蘇聯電影在上世紀 20 年代末開始進入國人視野，30 年代以後的影響更是越來越大，無論是國統區還是延安都是如此。而且，這一影響一直持續到 1949 年新中國成立以後，譬如】早在 1930 年代中後期，列寧對於電影宣傳作用的指示，以及蘇聯電影譬如《列寧在十月》、《列寧在 1918》等，就已經進入共產黨延安〔註 2〕。顯然，它們對 1949 年後取得全國政權的中國共產黨的電影宣傳政策和電影生產始終起著重要的指導性作用。具體地說，從 1949 年以後一直到 1970 年代文革時期，中國大陸的電影尤其是紅色經典電影，基本上是斯大林時期蘇聯電影模式的中國版，譬如黨領導下的武裝鬥爭模式、政治委員模式等等。

　　然而，在 1949 年以前的中國早期電影歷史當中，還有一個國家的電影不僅對中國電影產生了巨大的影響，而且還爲 1949 年以後新中國的電影製片生產、藝術創作，乃至人員培訓上做出過歷史性的貢獻，這就是日本電影。一般人們都知道，日本在中國的軍事存在和武裝侵略，是從 1931 年的「九·一八事變」開始，持續至 1945 年 8 月戰敗投降。【在這期間，】但被忽略或者說從意識形態層面被有意屏蔽的事實是，日本電影及其背後的日本文化不僅對中國電影影響甚巨。而且從時間上來說，這種影響的時長實際上是超出上述那個年限的長度的。【但由於這一議題涉及到複雜的政治、民族、戰爭層面，因此，相關研究一直是在爭議中前行。】

〔註 2〕包括這兩部影片在內，我將 1949 年後進入中國大陸並產生重大社會影響的幾十部蘇聯逐一做了個案分析，除了《夏伯陽》以《從〈夏伯陽〉看蘇聯早期電影對中國電影的影響》爲名發表於《汕頭大學學報》（2010 年第 4 期）以外，均未發表。1949 年後進入大陸的幾十部日本電影，包括後面提到的 1970 年代的幾部日本電影，我亦逐一做了個案分析，但也未曾發表，尚祈留意爲盼。

　　換言之，在 1937 年抗戰爆發之前，日本文化尤其是日本電影在中國東北（偽「滿洲國」）不僅存在，而且成爲日本軍事存在的重要組成部分。1937年，日本在長春成立了「滿洲映畫協會」即「滿映」，「滿映」在整個侵華時期的八年間生產了數百部的電影。隨著侵華戰爭的進一步擴大，日本扶持南京汪精衛政府先後成立的中華聯合製片股份有限公司（中聯）和中華電影聯合股份公司（華影），也生產了大批的電影。「滿映」、「中聯」和「華影」拍攝的大批影片，除了那些赤裸裸的宣傳、美化侵略的影片之外，都應該被看做是中國本土電影，也就是國產電影，尤其是「中聯」和「華影」的電影生產和製作，更是應該被如此看待，並將其視爲中國電影的一個重要組成部分。

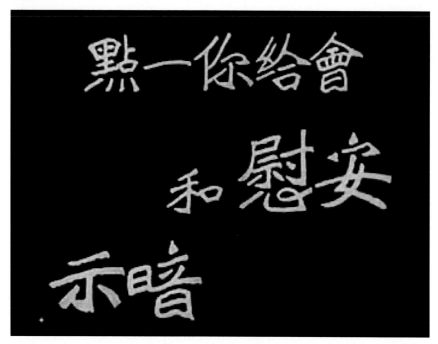

《十字街頭》也不是左翼電影而是新市民電影，它的「預告」字幕清楚地表明了影片的主旨。因爲，左翼電影一向持激進的社會批判立場，傳達給觀衆的不是安慰，而是徹底地否定和抨擊當下現實。

　　此外，抗戰勝利後，許多在「滿映」工作過的日方技術工作人員，一直在爲中國電影的生產效力，更不用說還有大批由「滿映」培養的演員依然從事表演事業。譬如新中國成立之前，由「滿映」轉化而來的東北電影製片廠（東影），其技術骨乾和生產工藝流程都一直是由日方人員擔任並負責培訓指

導〔註3〕。實際上，日本電影對中國電影的影響並不局限於早期的中國電影歷史。在整個冷戰時期，隨著 1950 年代中美的全面對抗、1960 年代中蘇蜜月結束之後的全面對峙，日本電影在 1970 年代又重新進入中國大陸並產生重大社會影響。譬如《山本五十六》、《軍閥》、《啊，海軍》等，它們不僅對大陸的電影生產產生了強烈的觀念化的衝擊，而且對普通民眾的觀影心理也產生了巨大的影響和衝擊。

在大陸 1970 年代末期開始的改革開放初期，日本電影是對中國大陸觀眾衝擊最大、影響最為廣泛的外國電影之一，而且其數量之多，在 1980 年代初期之前，幾乎等於外國電影譬如美國電影和歐洲電影的總和。因此，討論一百多年來外國電影對中國電影的影響，顯然不能忽略日本電影。而對它的切入點、生長點、發生效應的歷史時期，以及理論研究，顯然應該追溯到中國電影歷史的早期階段和客觀存在。

丙、【三】

【中國早期電影有明顯的階段性特徵。】前面提到，對早期中國電影的研究並不僅僅是具有理論研究的價值和意義，實際上對當下的中國大陸電影製作有著直接的指導意義和借鑒價值。這是因為，首先，一百年來的中國電影歷史的發展，儘管經歷了抗日戰爭和 1949 年「兩岸三地」的地緣政治的變化，但不能否認的是中國電影是一個整體性的概念，而這個整體性概念的立足點和出發點就在於中國早期電影歷史。其次，早期中國電影歷史又可以分為更為狹義的早期，從 1905 年中國電影誕生到 1930 年代早期，即九·一八事變前後。這一時期的中國電影主要是受到本土戲劇和外國電影的整體影響和規範。【從通過觀摩作品我們發現，這一階段裏戲劇化的表演風格和對外國電影的模仿借鑒乃至套用，是比較多見的現象。】

因此，檢索 1932 年前國產影片就會發現，戲劇化的表演風格和對外國電影的模仿借鑒乃至套用所在多見。而在九·一八事變之後到 1937 年 7 月抗戰全面爆發，這是史有定論的中國電影的黃金時代。所謂的黃金時代就是國產電影的主體意識已經確立和成熟，其次國產電影呈現出多元共存、相互競爭同時又相互制約平衡的格局。

〔註 3〕中國電影人口述歷史系列——畢澤普訪談錄〔J〕，北京：當代電影，2010（11）：88～92。

　　說到這裡，可以回到我最初提到的問題，**那就是【即】**中國的早期電影，除了有人們熟知的、被歸類了的左翼電影、國防電影、軟性電影【這些分類】之外，還有【應該補充新的分類，從而更充分地展現出中國早期電影的特徵，我嘗試提出舊市民電影、新市民電影、新民族主義電影等範疇】**類型**。所謂舊市民電影，是從 1905 年到 1931 年所有中國電影的總稱，基本上是鴛鴦蝴蝶派小說的電子影像版。它的主題、題材主要是局限於家庭、婚姻倫理以及武俠打鬥，基本上對中國現實社會不做正面的和直接的反映和批評；所依據的文化資源是與五四新文學相對的舊文學，維護和尊重傳統的主流價值觀念；觀眾主要群體構成是中下層市民，是一種低端的「市民文化」消費〔註4〕。就現存的、公眾可以看到的影片而言，以下影片都屬於舊市民電影：《勞工之愛情》（《擲果緣》，1922）、《一串珍珠》（1925）、《西廂記》（1927）、《情海重吻》（1928）、《雪中孤雛》（1929）、《海角詩人》（1929）、《兒子英雄》（1929）、《一剪梅》（1931）、《桃花泣血記》（1931）、《銀漢雙星》（1931）、《南國之春》（1932）〔註5〕。

　　1932 年是中國國產電影新舊時代的分水嶺，這是因為 1932 年出現了左翼電影，代表人物是曾經留學美國的孫瑜和留學日本的田漢，以及吳永剛、袁牧之等編導，代表作品是《野玫瑰》（1932）、《火山情雪》（1932）、《天明》（1933）、《小玩意》（1933）、《母性之光》（1933）、《大路》（1934）、《神女》（1934）、《桃李劫》（1934）、《體育皇后》（1934）、《風雲兒女》（1935），以及《春蠶》（1933）、《惡鄰》（1933）、《新女性》（1934）、《漁光曲》（1934）、《孤城烈女》（《泣殘紅》，1936）等〔註6〕。

　　左翼電影從大的方面講，是 1930 年代席卷全球的左翼文藝在電影界的體現；它的主要特徵是階級性、暴力性、宣傳性，也就是以階級出身來區分和塑造人物；宣揚階級鬥爭和暴力革命，挑戰主流價值，對外反抗日本侵略，對內反抗獨裁統治，同情弱勢階層，嚴厲批判和否定當時的社會體制；左翼電影也可以被視為先鋒的、另類的、前衛的、激進的革命電影。

〔註4〕范伯群，「電戲」的最初輸入與中國早期影壇——為中國電影百年紀念而作〔J〕，鎮江：江蘇大學學報，2005（5）：1～7。

〔註5〕對這些影片的文本分析，均收入拙作《黑白膠片的文化時態——1922～1936 年中國早期電影現存文本讀解》（上海三聯書店 2009 年版），敬請批判。

〔註6〕對這些影片的文本分析，均收入拙作《黑白膠片的文化時態——1922～1936 年中國早期電影現存文本讀解》（上海三聯書店 2009 年版），敬請批判。

新民族主義電影是與左翼電影、新市民電影同時出現的新電影，它既反對前者激進的社會革命立場和階級鬥爭理念，也與後者注重視聽審美和偏向世俗文化消費的市場策略迥異，《天倫》就是如此。

在左翼電影出現一年之後的 1933 年，新市民電影粉墨登場。新市民電影的特徵是在反映現實社會和庸常人生的同時，對社會現實採取一種溫和的、相對保守的中庸立場。它既不像左翼電影那樣激進、也不像舊市民電影那樣一味的從舊文化和舊文學當中尋求文化資源和價值依託。新市民電影在有選擇的借助和抽取左翼電影思想元素的同時，更多地是奉行新技術主義路線。即不惜成本地應用新出現的電影有聲技術，加大和增強歌舞元素配置比例。

同樣是面向市場，左翼電影的歌舞音樂配置幾乎全部是主題思想的延伸，而新市民電影的歌舞音樂配置更多地體現了文化消費層面的視聽優勢。之所以稱之爲新市民電影，是因爲它與舊市民電影在文化和傳統層面存在著承接性的邏輯關係。即在接受新理念和新人物的同時，並不挑戰和排斥傳統的主流文化的價值觀念；在對待社會政治問題上更願意採取一種規避風險的商業製作模式或曰保守立場。代表人物是張石川、鄭正秋、程步高、沈西苓，

代表作是《脂粉市場》（1933）、《姊妹花》（1933）、《女兒經》（1934）、《都市風光》（1935）、《船家女》（1935）、《新舊上海》（1936）等〔註7〕，現存的、公眾可以看到的幾部出品於 1937 年的影片，其實也都屬於新市民電影，即《壓歲錢》、《夜半歌聲》）、《十字街頭》、《馬路天使》、《前臺與後臺》、《如此繁華》、《王老五》等〔註8〕。

國防電影的概念和運動肇始於 1936 年年初，從現有的影片文本來看，它是左翼電影的升級換代版。國防電影將左翼電影中的階級鬥爭和階級矛盾提陞轉化爲民族矛盾和民族解放戰爭，宣傳抗日救國，啓蒙民眾的現代國家觀念和民族自覺意識。國防電影運動聲勢浩大影響廣泛，但由於它從出現到抗日戰爭全面爆發只有一年半的時間，因此，對它的評價比較複雜。

一方面，它的藝術成就總的來說不及左翼電影，這是我以前的看法。另一方面，根據現有的影片分析，它的藝術成又很不平衡。前者的意思是說，國防電影不僅全面接受和整合了左翼電影的思想資源，而且全面繼承和放大了左翼電影的以往的藝術局限。後者的意思是說，它在某些方面的成就和達到的政治、歷史和藝術高度，又遠遠地將同時代的電影拋在身後，形成無法逾越的高峰直至今日。前者的代表作有《狼山喋血記》、《壯志淩雲》〔註9〕，《聯華交響曲》中的《陌生人》、《月夜小景》、《瘋人狂想曲》、《小五義》〔註10〕，後者的代表作是《浪淘沙》〔註11〕，以及《聯華交響曲》中的《春閨斷夢──無言之劇》〔註12〕──以前，我以爲《浪淘沙》無從歸類，將其視爲「新浪潮電影」。現在看來，這種歸類值得反省和檢討，因爲這是一部成就極高的國防電影。

除此之外，根據現存的、公眾可以看到的 1937 年抗戰全面爆發之前的影片文本分析，還有一類影片，我稱之爲新民族主義電影或曰高度疑似政府主

〔註7〕 對這些影片的文本分析，均收入拙作《黑白膠片的文化時態──1922～1936 年中國早期電影現存文本讀解》（上海三聯書店 2009 年版），敬請批判。

〔註8〕 對這些影片的文本分析，均收入拙作《黑夜到來之前的中國電影──1937 年現存國產影片文本讀解》一書，敬請批判。

〔註9〕 對這些影片的文本分析，均收入拙作《黑白膠片的文化時態──1922～1936 年中國早期電影現存文本讀解》（上海三聯書店 2009 年版），敬請批判。

〔註10〕 對這些影片的文本分析，均收入拙作《黑夜到來之前的中國電影──1937 年現存國產影片文本讀解》一書，敬請批判。

〔註11〕 對這些影片的文本分析，均收入拙作《黑白膠片的文化時態──1922～1936 年中國早期電影現存文本讀解》（上海三聯書店 2009 年版），敬請批判。

〔註12〕 對這些影片的文本分析，均收入拙作《黑夜到來之前的中國電影──1937 年現存國產影片文本讀解》一書，敬請批判。

旋律的影片。之前我用【這個術語】來特指聯華影業公司 1935 年出品的《天倫》和《國風》〔註 13〕，這兩部影片體現了在羅明祐和黎民偉主導下的「聯華」公司，在民族傳統和文化理念上所持的立場與政府當局高度一致的地方。現在看來，單純用「新民族主義電影」來指稱更爲合適，因爲具有同樣屬性、同時也是出自「聯華」的影片還有《歸來》（1934）、《慈母曲》（1935）、《人海遺珠》（1937）和《新舊時代》（《好女兒》，1937）。這些影片反映了以羅、黎爲代表的中國社會上層人士、尤其是知識分子在現代國家理念前提下對本土文化和民族傳統的堅守和歷史強調。至於 1949 年後大陸電影史研究中大肆批判的「軟性電影」、也就是「黃色電影」，因爲至今缺乏文本支撑的實證性讀解，所有只好先行保留這樣一個名目和線索以待來茲。

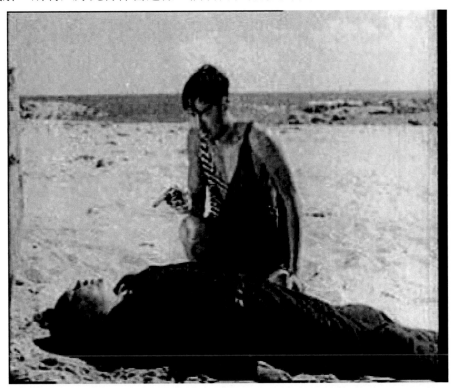

聯華影業公司年 1936 年出品的《浪淘沙》是最偉大的國防電影，它既超越了時代也超出了後來研究者們的認知水準。吳永剛的這部傑作和一年後費穆的《春閨斷夢──無言之劇》一樣，彪炳史冊。

─────────────

〔註 13〕對這些影片的文本分析，均收入拙作《黑白膠片的文化時態──1922～1936年中國早期電影現存文本讀解》（上海三聯書店 2009 年版），敬請批判。

丁、【四】

　　中國早期電影歷史的實證研究【不僅】之所以值得一再強調，是因為其歷史價值和現實意義重大，理論本身梳理的必然性和所謂類型劃分或者概念重組的重要性倒在其次。中國早期電影歷史實證研究的歷史價值在於，它能夠幫助人們真切感知和深入體認中國電影，尤其是民國時代的中國文化、中國社會的歷史發展進程和原生態風貌；中國早期電影歷史實證研究的現實意義在於，它既能夠對當下的，【而且】也能夠【幫助我們】對1949 年【之後中國電影的生產和文化表述做出準確的讀解。】前後近百年來的中國電影生產和文化表述提供真實的、準確的和直接有效的讀解途徑和解決方法。歷史價值和現實意義的重疊之處，就是既能夠勾勒出中國電影的歷史發展脈絡，也能夠為中國電影的前世今生指點迷津，幫助人們走出誤區、回歸正道。

1932 年是中國早期電影新舊交替之年，但不論哪一種類型的新電影都是從先前的舊市民電影脫胎轉化而來。聯華影業公司的這部《南國之春》最具代表性，舊框架、舊人物，但已經透露出新信息。

　　如前所述，在經歷了**狹義的早期中國電影歷史即** 28 **年的舊市民電影時代**（1905～1931）**以後**，1930 年代**形成的中國電影【形成了】**多元化的共生格局本來既是中國電影歷史的真實面貌，也本來應該是以後中國電影應有的歷史發展路徑。作爲歷史性的現實存在，1938 年之前的中國電影，既是中國社會歷史發展的重要組成，也是中國文化和商品消費的必要構成。即使慘烈的抗日戰爭，也未能阻斷中國電影的主流發展。

　　如果再擴大觀照視角就會發現，經歷了 1949 年地緣政治的歷史劇變後，中國電影在兩岸三地（大陸、臺灣、香港）的各自前行，不過是承接了 1930 年代中國電影已有的歷史脈絡而已。對此，這裡有必要稍微回溯一下從 1937 年 7 月抗戰全面爆發到 1949 年，中國電影歷史的發展軌迹。

　　在我看來，抗戰爆發以後，國統區的電影創作幾乎是「國防電影」的一統天下，電影成爲抗戰時期文藝的重要組成部分，其生產和消費的唯一指向就是爲抗戰服務。它和戰前國防電影唯一的區別在於，它可以名正言順、旗幟鮮明的高舉反抗日本侵略的大旗，直接號召民眾投身抗戰而不必顧忌政府電影檢查機關的政策約束。但同時，抗戰期間的國防電影也全面繼承了由左翼電影發展而來的模式化製作，這一點已經體現在戰前的國防電影當中。需要清醒認識的問題是，抗戰期間國統區的抗戰電影消費幾乎沒有佔據多少市場份額，美國電影成爲國統區電影消費市場的絕對主導，這種狀況在抗戰結束以後更爲明顯。

　　在淪陷區也就是日、偽統治地區，新市民電影幾乎完全佔據了國產電影市場。這是因爲，新市民電影從誕生之日起就奉行的規避政治風險的製片原則、相對溫和的社會批判態度，以及重視歌舞元素配置的技術主義，使得它在淪陷區成爲敵我雙方都可以接受的製片「潛規則」，這也是以往電影史研究對淪陷區電影多有指責和誤讀所在。譬如所謂的「漢奸電影」的指斥，只是著眼於電影的生產製作體制但卻忽略了一個電影存在的重要前提，即電影的文化消費屬性。

　　事實上，就當時的中國社會和中國文化而言，淪陷區的中國文化從來沒有消亡，就如同像淪陷區民眾的社會存在和生活狀態一樣，始終呈現出生生不已的形態。具體地說，民眾的文化生活和文化消費依然存在，正如同生產資料和生活資料始終存在並發生效用一樣。實際上，單就電影而言，淪陷區的電影製作和消費在戰爭的狀態下呈現出「畸形」的繁榮局面。譬如從 1942

年 5 月到 1943 年 5 月的一年內，「中聯」拍攝了 50 部電影；從 1943 年 5 月到 1945 年 8 月日本投降，「華影」共拍攝了 80 部影片，這上百部影片題材大多都是家庭戀愛〔註 14〕。顯然，無論是戰前反侵略、反強權的左翼電影，還是宣傳民族解放戰爭的國防電影，都不可能在淪陷區存在。

　　需要注意的是，在淪陷區，除了新市民電影，戰前就已出現的新民族主義電影還能一息尚存，並未偃旗息鼓。這是因為，無論是新市民電影還是新民族主義電影，其出現之初，或者說，其類型、屬性和出發點，從一開始就與左翼電影不盡相同、多有差異甚至是對立的。譬如新市民電影的政治保守立場，針對的就是左翼電影激進的階級鬥爭理念和社會批判立場；新民族主義電影對傳統文化和民族歷史理念的堅守，也同樣具備與左翼電影分庭抗禮的意味，就像《國風》、《天倫》和《慈母曲》表現的那樣。

　　2011 年新發現的《孔夫子》，與其說填補了費穆電影研究的空白，不如說是為新民族主義電影類型的存在提供了又一個無可辯駁的實證文本，那就是它生成於戰前，延伸並發展至抗戰時期的淪陷區。

〔註 14〕程季華，中國電影發展史：第 2 卷〔M〕，北京：中國電影出版社，1963：117～118。

因此，淪陷區電影製作面貌，應該說是新市民電影和新民族主義電影的合流，形成的是中國電影的歷史主潮。至少，在 1941 年太平洋戰爭爆發前是如此。這一時期，新市民電影的代表作有「王先生」系列影片（1939）和《木蘭從軍》（1939），新民族主義電影的代表是《孔夫子》（1940）〔註 15〕。這些民營公司的影片事實上起到了恢復民眾民族自信、鼓舞民眾精神鬥志的作用。它們與「中聯」、「華影」製作的影片一同，構成了中華文化和民族精神資源的現實力量源泉。因此，用「漢奸電影」來指稱淪陷區的電影製作，無論是何居心，都是違背歷史真實的，是不負責任的研究態度。

從 1945 年 8 月抗戰全面勝利到 1949 年兩岸三地的地緣政治格局形成，這一時期的中國電影歷史發展，在整體上呈現出恢復戰前電影多元化格局的努力趨勢。譬如，在 1937 年與國防電影共同構成國統區國產電影主流的新市民電影，率先得到恢復並得到巨大成就，《一江春水向東流》（1947）的高票房回報就是例證之一〔註 16〕。

另一方面，左翼電影的創作也初步得到恢復，頑強凸顯其表達知識分子獨立立場和社會批判立場的屬性，這就是費穆的《小城之春》（1948）。順便需要提及的是，《小城之春》和 1938 年的《浪淘沙》一樣都受到了 1960 年代大陸官方電影史的批評和冷落，被扣上了消極和病態的帽子〔註 17〕。這種戰爭前後的影片對應潮流，反映了中國早期電影的歷史發展邏輯和生命力：雖然歷經戰爭的摧殘，但卻自強不息，以「獨孤求敗」的姿態傲然於世〔註 18〕。

總之，1949 年之前的中國早期電影歷史，不僅呈現出歷史發展線索脈絡分明的一致性，而且始終保持著中國本土文化的民族性，也就是中國化的電影風貌。而這種一致性和民族性在 1949 年之後地緣政治格局的演進中並沒有從根本上被摧毀和毀棄——雖然這毀壞程度在某個區域和時空多少

〔註 15〕 我對「王先生」系列中的《王先生吃飯難》，以及《木蘭從軍》和《孔夫子》的（1940）文本分析和論證已經完成，但尚無發表機會，敬請留意為盼。

〔註 16〕 從 1947 年 10 月到 1948 年 1 月，《一江春水向東流》不間斷地連續上映三個多月，觀眾達到 71 萬人次（《中國電影發展史》，程季華主編，第二卷，第 222 頁）。在此之前的第一部高票房電影《姊妹花》（1933）曾連映 60 天，第二部高票房電影《漁光曲》（1934）的記錄是 84 天，而這些影片恰恰都是新市民電影。

〔註 17〕 程季華，中國電影發展史：第 2 卷〔M〕，北京：中國電影出版社，1963：268～272。

〔註 18〕 袁慶豐，922～1936 年中國國產電影之流變——以現存的、公眾可以看到的文本作為實證支撐〔J〕，學術界，2009（5）：245～253。

要高於抗戰時期。具體地說，1949 年後的大陸電影，在徹底清除「軟性電影」、新市民電影和新民族主義電影的同時，全面繼承和發揚了左翼電影、國防電影反強權、反侵略的精神氣質，並在意識形態的高壓掌控下激活和放大了前者的局限性和片面性，在體現其血統淵源的同時又完成了政治基因的隔代遺傳〔註 19〕。

　　譬如，一般人們都會認為 1970 年代的文革電影是 1960 年代電影畸形發展的結果，其實，它的形成基礎源自 1950 年代，而它的理論資源和話語資源不僅僅來自於 1942 年的（延安文藝座談會）「講話」，更來自於 1930 年代的左翼電影。我甚至認為，左翼電影是 1949 年後大陸電影尤其是所謂紅色經典電影的元資源。1970 年代末、1980 年代初，大陸的改革開放在電影生產上的體現，不過是試圖恢復中國早期電影曾經有過的歷史發展而已。但直到目前這種努力雖然值得稱許，但整體成就還是不足以與早期電影歷史成就比肩，或者說愧對歷史有待來茲。

　　1949 年以後的臺灣，在 1980 年代初期新電影出現之前，其電影生產和製作基本上是大陸電影的國民黨版，其主題思想、題材選擇、人物模式乃至生產消費模式都與內地的黨化規範中央集權嚴密掌控政教宣傳鼓舞人民教育民眾等中國特色相映成趣。1980 年代臺灣電影的新面貌，顯然不僅僅是島內文化和社會生態良性發展的簡單結果，而應被看作是中國早期電影尤其是 1930 年代電影多元化風貌的繼承、承接所導致的海外復興。

　　令人深思的是，臺灣電影的勃興，雖然與同時期的內地電影旗鼓相當、對歷史文化資源的佔有甚至不及大陸豐厚，但卻更具有民族化的優勢和中國化的特色，新市民電影和新民族主義電影多少能夠在黨營電影的籠罩下獲得一定的生存空間。譬如 1970 年代的瓊瑤「言情片」，就可以看作是新市民電影和新民族主義電影在新時空的混合體。因此，臺海兩岸的電影發展雖然都經歷了一個從政教電影向新市民電影、乃至新左翼電影艱難過度的階段，但各自的歷史底蘊和文化傳統卻顯得同中有異。

〔註 19〕 袁慶豐，《孤城烈女》：左翼電影在 1936 年的餘波回轉和傳遞〔J〕，青海師範大學學報，2008（6）：94～97，本書作為第 35 章收入《黑白膠片的文化時態──1922～1936 年中國早期電影現存文本讀解》，題目是：《在國防電影運動和新市民電影潮流中存留的〈孤城烈女〉──「泣殘紅」：1936 年左翼電影的餘波回轉與部分基因的隔代傳遞》。

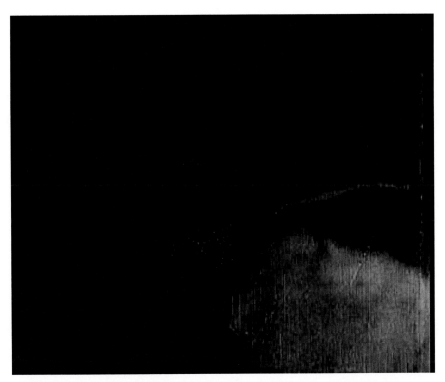

左翼電影前承舊市民電影，雖然因爲抗戰中斷了其歷史進程，但卻在1949年後的大陸以隔代遺傳的形式重獲新生並大放異彩，其階級性、暴力性和宣傳性的時代特徵不僅被激活放大而且趨於極致。（附注：以上圖片與文字在雜誌發表版中均被刪除）

1949年以後的香港電影，直到1990年代末，之所以一直能夠在海內外產生巨大的地區性和國際性影響，一個重要的原因就是因爲它更多地繼承1930年代中國早期電影的民族文化內核與多元競爭氣質。換言之，在一定程度上說，1949年後的香港電影，其實是中國早期電影或者說民國電影的正宗傳人。譬如，香港電影生產面對的政治壓力其實與當年租界工部局對上海電影也就是中國電影的掌控力度不相上下，即相對寬鬆自由的政治和社會倫理底線。事實上，香港電影幾十年來更多地繼承了漢民族文化的內在品質和本土化的藝術表現模式。

再具體地說，舊市民電影、新市民電影、左翼電影、新民族主義電影和表達知識分子獨立立場的電影都可以在香港電影當中找到對應片例。譬如香港的武俠電影，實際上就是將舊市民電影時代的武俠片範式和新市民電影的文化精神在新時空裏重新組裝借殼上市的產物。只不過，這個過程和成就的

取得，所付出的文化成本和海峽兩岸一樣，也是頗爲巨大的。這是因爲，香港電影賴以生存和依據的文化資源，先後經歷了由中原文化向移民文化再向香港本土文化漂移轉換的過程。個中辛苦，外人很難體味。

這是 1936 年的《新舊上海》截圖。1990 年代前的香港電影無論什麼題材和類型，除了顏色，都與 1949 年前的中國電影相若：此話反過來說也同樣成立，因爲香港電影是中國早期電影的正宗傳人。（附注：以上圖片與文字在雜誌發表版中均被刪除）

戊、

歷史是由細節構成的，而細節從來都是具體的、形象的、具有生命力的。對於中國電影及其歷史的認知也是如此，顯然，僅僅靠文字以及由文字堆砌組合成的理論是不夠的。值得慶幸的是，對中國早期電影歷史的認知和梳理，研究者可以借助現存的影像文本進行實證讀解，在借助文本回歸現場、激活歷史語境的基礎上，還可以將其轉化爲可以再利用的歷史資源和文化資源，並以個案研討的方式給予重新發掘、整理、歸納。這種研究方式從不就是新的，因爲世界上從來不存在完全新的東西，文藝觀念是如此，文藝作品是如

此，電影研究更是如此。技術有新舊，色彩有黑白，但早期電影歷史往往是歷久彌新。

讀書人都知道「溫故知新」的典故，但很多人都把側重點放在「溫習中得出新體會」的一面。這對少年人來說比較適合，成年人卻不能這般無趣。這是因為，「溫故知新」的本義，應該側重於「從舊東西中發現新意境」的一面來。西諺云：If you want something new, just read old books; If you want something old, just read new ones. 說的正是此義。這種理解的源頭，其實源自《聖經》裏的話，曰：「日光之下無新事」。我總以為，古希臘時期和先秦時代的中外先賢，其實都本著這樣一種類似的世界觀來看待人生和歷史的。

電影藝術誕生了一百多年，除了表現上的技術方式與其他藝術有不同外，很難說它有什麼新東西。就其內部而言，現如今每年都有成千上萬的新電影出現，但誰都知道，好的電影少之又少。不是藝術家不努力，而是好電影其實大部分已經拍完。中國電影雖說在 1949 年後一分為三，但兩岸三地的電影潮流與發展，其實均來自民國時代的電影精神和文化理念。1949 年後所謂的新電影，除了時代特色，骨子裏其實並無新義。因此，1949 年前的中國早期電影，實際上是一座文化寶庫和精神礦藏，這裡面新玩藝和新情趣，實在是所在多見，值得人們一再探索發現。

也許有人會說，你說得這般熱鬧，這些分析、那些歸類的，或許對中國早期電影適用，也或許對三十年前的老電影有用，但新電影呢？譬如對時下二十一世紀大陸的新電影是否也合用？說實話，這樣的問題我也一直在想，因為我一直信奉這樣的治學原則：如果學術研究於現實人生無用，於當下社會生活無關，那麼不做也罷。正因為有著這樣的自覺意識，所以我使用這些從中國早期電影歷史文本研究中得出的結論，嘗試了 2000 年以來的大陸電影，結果發現實證多多。

譬如，第六代導演的作品，大多是具備當年左翼電影反主流的價值觀念，以及同情弱勢階層和邊緣人群、反抗強權勢力的品質，譬如《鬼子來了》（2000）、《安陽嬰兒》（2001）、《任逍遙》（2002）、《盲井》（2003）、《日日夜夜》（2004）、《孔雀》（2005）、《江城夏日》（2006）、《太陽照常升起》（2007）、《立春》（2009）、《鋼的琴》（2011）等，我將其稱為「新左翼電影」；與此同時，被研究者奉為圭臬的第五代導演的代表作品，其實多是主流敘事的另類補充，其強調視聽語言和唯美畫面的藝術特徵和刻意保持的、溫和的社會批

判立場，幾乎就是當年新市民電影的路數翻版，譬如《天下無賊》（2004）、《瘋狂的石頭》（2006）、《三槍拍案驚奇》（2009）、《讓子彈飛》（2010）等。這些研究的大部分心得都被收入《黑旗袍──新世紀中國電影讀片報告（節選版）》一書，即將由中國傳媒大學出版（附注：本書已在 2014 年 1 月出版），讀者可以自行翻閱批判。

本書出版時，被更名為《新世紀中國電影讀片報告》，同時內容文字和圖片也多有被刪減的情形。（附注：以上圖片與文字在雜誌發表版中均被刪除）〔註20〕

袁慶豐　識於北京東郊定福莊養心室
初稿時間：2011 年 3 月 7 日
二稿時間：2013 年 3 月 18 日
三稿時間：2013 年 5 月 7 日～23 日
四稿修訂：2014 年 2 月 24 日～28 日

〔註20〕 本書甲、乙、丙、丁的中的主要部分內容約 6800 字，曾以《讀解文本：中國早期電影的實證研究與影史重建》為題，先行發表於《影視文化》（北京中國藝術研究院主辦）2013 年第 8 期。放入【】括號中的文字，是雜誌發表時添加或改正過的，黑體字部分則是被刪掉的原稿（其中包括注釋）。特此申明。

第壹章　現在公眾能看到的最早、最完整的中國國產故事片──《勞工之愛情》(《擲果緣》，1922 年)：舊市民電影個案讀解之一

閱讀指要：

　　《勞工之愛情》是狹義上的早期中國電影或曰舊市民電影鬧劇、打鬥特徵的一個典型代表。當時的電影追求的是滑稽、趣味、噱頭，觀眾看的是熱鬧，用現在的話就是越惡搞越出彩、越來勁，所以觀眾看到的很多情節設置就是專門為此安排的。《勞工之愛情》是狹義上的早期中國電影或曰舊市民電影形態中鬧劇、打鬥特徵的一個典型代表。其藝術特點是原封不動地照搬戲劇表演模式，在主題思想和藝術形式上屬於舊文藝的範疇。出品於 1922 年的《勞工之愛情》表明，在中國新文學取得思想和藝術的雙重豐收之時，同時期的中國電影卻未能同步發展。

關鍵詞：早期中國電影；舊市民電影；舊文藝；低端文化消費；噱頭打鬥；

《勞工之愛情》截圖之一、二

專業鏈接 1：《勞工之愛情》，(又名《擲果緣》，故事片，黑白，無聲)，明星
影片公司 1922 年出品。VCD (單碟)，時長 22 分鐘。

　　》》》**編劇**：鄭正秋；**導演**：張石川；**攝影**：張偉濤。

　　》》》**主演**：鄭鷓鴣 (飾演鄭木匠)、余瑛 (飾演江湖醫生的女兒)、
鄭□□ (飾演江湖醫生)。

　　說明：《勞工之愛情》沒有片頭字幕及演職員表，演員及其飾演人物
的姓名均在人物第一次出場時出現，以上信息根據影片與相
關資料補注。

專業鏈接 2：原片中依次出現的人物及演員姓名字幕

　　　　改業水果的，鄭木匠　　CHENG.THE FRUIY SELLER

　　　　鄭鷓鴣　CHENG CHEN KU

　　　　小茶館裏，無賴聚會□□　E HAUNT OF THE NEAR-DO-WELLS

　　　　陸鐵□　T.M.LON

　　　　嚴仲□　NIEH CHUNG YING

　　　　窮醫生父女　THE POOR DOCTOR AND DAUGHTER

　　　　鄭□□　CHENG KUNG

　　　　余□　YU YING

專業鏈接 3：影片鏡頭統計

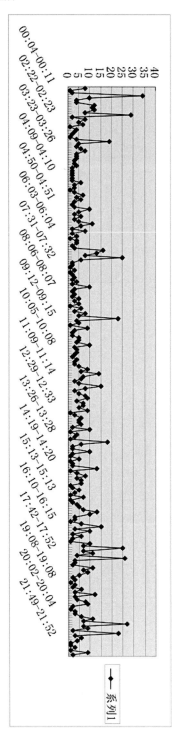

説明：《勞工之愛情》全片時長 22 分鐘，共 235 個鏡頭。其中：

甲、小於和等於 5 秒的鏡頭 151 個，大於 5 秒、小於和等於 10 秒的鏡頭 59 個，大於 10 秒、小於和等於 15 秒的鏡頭 14 個，大於 15 秒、小於等於 20 秒的鏡頭 3 個，大於 20 秒、小於等於 25 秒的鏡頭 4 個，大於 25 秒、小於等於 30 秒的鏡頭有 3 個，大於 30 秒、小於等於 35 秒的鏡頭 1 個，大於 35 秒的鏡頭 0 個。

乙、字幕鏡頭 51 個，其中交代劇情的鏡頭 6 個，演員表鏡頭 2 個，對話鏡頭 43 個。

丙、固定鏡頭 184 個；運動鏡頭 0 個。

丁、遠景鏡頭 8 個，全景鏡頭 108 個，中景鏡頭 53 個，近景鏡頭 6 個，特寫鏡頭 9 個。

（數據統計：田穎；核實與圖表製作：李橐雄）

專業鏈接 4：影片觀賞推薦指數：★★☆☆☆

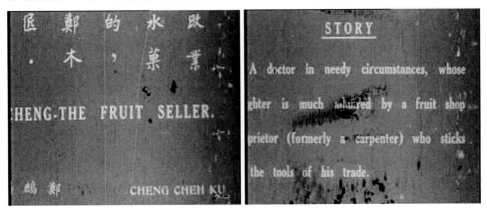

《勞工之愛情》截圖之三、四

甲、前面的話

這是今天人們能夠看到的中國的最早、最完整的電影作品：一個木匠出身、卻改行賣起水果的上海街頭小販，看上了旁邊擺攤算命兼做江湖醫生的女兒，兩個人眉來眼去互生愛意，男的拋去一個蘋果，女的報之以香噴噴的手帕，在穿插大段以夜總會為背景的噱頭鬧劇之後，兩人最終喜結良緣。這種故事放在今天來拍，也許會叫做《一堆水果引發的愛情故事》或者《激情燃燒的大街》。

實際上，1922 年明星影片公司出品的《勞工之愛情》還有一個名字曰《擲果緣》。這兩個片名從不同的角度揭示出早期中國電影的本質特徵：局限於婚

姻戀愛題材、對滑稽、鬧劇、噱頭、打鬥（後來擴展到武俠）成份與場面的偏愛、對電影新技術、新元素的積極追求運用，以及面向底層民眾低端文化消費的市場定位。它追求的是滑稽、趣味、噱頭，觀眾看的是熱鬧，用現在的話就是越惡搞越出彩、越來勁。所以觀眾看到的很多情節設置，就是專門爲此安排的。

　　出品方明星影片公司就是在 1922 年，由擔任本片編導的鄭正秋和張石川發起成立的，公司的電影生產業務一直持續到 1937 年 7 月中國抗日戰爭全面爆發後結束[1]P456。作爲中國老牌的電影公司之一，明星影片公司的發展歷史，大部分和中國早期電影歷史相重合，從 1920 年代至 1930 年代，在長達 26 年的製片歷史中，「明星」公司出品拍攝的影片幾乎全部是市民電影類型，（其中，依照時間順序，又分爲舊市民電影和新市民電影兩個階段）。

《勞工之愛情》截圖之五、六

乙、舊市民電影：狹義上的早期中國電影及其特徵

　　我把 1910 年代到 1930 年代初期的中國電影統稱爲早期中國電影，我給它確切的定義和命名是舊市民電影。舊市民電影在狹義上，基本指的是中國電影歷史中默片時代的故事片，確切的時間是從一般學術界認定的中國電影誕生之日的 1905 年算起，持續到 1930 年有聲電影的出現；而廣義上的舊市民電影指的是，從所謂中國電影誕生之日，到 1932 年左翼電影和 1933 年新市民電影出現前所有的電影作品〔註1〕。

〔註 1〕本來，本書對中國國產電影的討論，會從 1922 年延續到 1937 年 7 月抗日戰爭全面爆發之時，但考慮到篇幅平衡和付印時間上的合同限制，在本書定稿後，又特地將現在公眾能看到的 1937 年的 10 部國產故事片的討論（約 10 萬

　　所謂舊市民電影的「舊」，是相對於 1933 年、在舊市民電影基礎上、比左翼電影晚一年出現的新市民電影。換言之，舊市民電影和新市民電影的另一個重要的和普通的區別劃分，就是現代電影有聲技術的使用與否。以明星影片公司為例，1933 年以後它出品的電影基本上是有聲片，也就是全部屬於新市民電影。

　　以《勞工之愛情》為解讀對象，可以看到舊市民電影藝術上的諸多特點，譬如在文化傳統、審美心理和表演模式上受到傳統戲曲和戲劇的直接影響。

《勞工之愛情》截圖之七、八

　　1896 年電影進入中國後，曾被稱做「電光影戲」，或「電光活動影戲」；今天所謂的「電影」一詞，就是從上述稱謂壓縮而成的，1905 年 6 月，天津《大公報》首次正式使用這一稱謂[2]。實際上，在 1910 年代和 1920 年代的中國文藝，就表演藝術而言，最高層次是戲劇和戲曲，電影只是依附於戲劇戲曲的末流；就觀眾層面來說，電影只是歸於雜要一類，屬於上不得廳堂的、底層市民社會的娛樂種類和低端文化消費，因為那時電影演員的社會地位比唱戲的還要低下〔註2〕。

　　　　字）全體抽出，放到作者另一部暫名為「1937 年～1945 年中國抗戰時期電影研究」一書中，以便日後有幸出版。（注：抽出的部分已結集為《黑夜到來之前的中國電影——1937 年現存國產影片文本讀解》，共計 356 千字，352p，2012 年 1 月由中國廣播電視出版社出版發行，敬請讀取批判）。

〔註 2〕總體來說，在 1949 年以前從事戲劇和戲曲的表演人員，即使是「角兒」（著名演員），在中上層人士眼裏都被視為「戲子」，社會地位不是很高，早期中國電影演員的社會地位更在其下。譬如一代京劇宗師和「四大名旦」之一的程硯秋，甚至「不像其他人（那樣）把真傳傳給後代，並且嚴屬禁止後人學戲。因為當時唱戲是『下九流』，是唱給有錢人享樂，『比妓女還要低賤』」，王麗娜，陳超，程永源與父親的人生交織〔J〕，三聯生活周刊，2007（40）：67。

　　因此，舊市民電影的表現方式首先是帶有明顯的、強烈的舞臺藝術表演的特徵。現在的觀眾可能很難理解1922年的《勞工之愛情》中演員誇張的面部表情和肢體語言，而這些恰恰是傳統戲劇戲曲的特徵之一，影片「戲感」十足，正說明電影藝術還未能獨立、成熟。譬如影片一開始就打出「本劇事略」的字幕，把故事梗概、人物情節和結局統統告訴觀眾，這些做法在今天是不可以想像的，但在當時卻是通行的做法，它是傳統戲劇戲曲審美模式的直接延續。對觀眾而言，他們對電影的欣賞，套用的是和京劇一樣的審美習慣，每一齣戲的故事，乃至一段唱腔，像一些知名演員演出的戲，大家都知道，而且熟悉得不得了，可是由誰來唱，那層次就差多了，票房也就有巨大差別。王小二唱的跟馬連良唱的就不能同日而語。觀眾沒完沒了地、興致盎然地聽，因為他們享受和要求的是表演過程本身和審美對象的重現〔註3〕。

《勞工之愛情》截圖之九、十

　　就現在公眾能看到的中國早期電影或曰舊市民電影而言，現代意義上的中國有聲電影是1933年的《脂粉市場》和《姊妹花》（均為明星影片公司出品）──1931年的《雨過天青》（華光片上有聲電影公司出品）和《歌場春色》（天一影片公司出品）雖然也是片上發音，但應該是有聲電影的早期形式之一的配音片（另一種為單獨灌注配置的臘盤配音[1] P164。因此，狹義上的早期中國電影或曰舊市民電影都是無聲片/默片，所以會有大量的字幕（或者叫「說

〔註3〕需要說明的是，這種在片頭就把故事梗概告訴觀眾的模式，在以後的電影發展歷史中並沒有完全消失，只不過這種預告更為粗線條。在1949年之後中國大陸拍攝的影片中，這樣的例子不勝枚舉，直到1970年代。觀眾會發現電影一開始就會告訴你這個故事的發生背景，而結局是可想而知的，譬如《南征北戰》、《地雷戰》、《平原游擊隊》等。

明」），作爲人物、情節的交代和聯繫，而且是英語和漢語的雙語字幕。之所以出現後一種現象，首先是和影片的製作人的經歷、出身有著直接的關係，尤其是進入1920年代，出過國留過學的、現在叫作「海歸人員」的新式知識分子群體開始介入電影創作，他們直接師法外國電影，尤其是美國電影的製作；其次，是出於對市場發行的考慮，當時有巨大的南洋市場以及和國外交換影片的需求〔註4〕。

《勞工之愛情》截圖之十一、十二

丙、舊市民電影特徵及其通病：舊文藝觀念下統帥的藝術鬧劇和落後思想

　　狹義上的早期中國電影或曰舊市民電影的藝術表現，一般是不惜犧牲生活眞實和原封不動地照搬戲劇表演模式。譬如在《勞工之愛情》中，男主人公是一個木匠出身的小攤販，但他的穿著打扮和行爲舉止與他的勞動階層和社會身份不符：譬如他睡覺的時候居然穿一身睡衣，而這是當時上層社會的標準衣飾之一〔註5〕。女主人公是算命先生兼江湖郎中的女兒，幹著一份街頭縫補的差事，她和賣水果的木匠哥哥眉來眼去的傳情方式也不符合他們的階級出身，因

〔註4〕進入1950年代，中國大陸電影基本上取消了臺詞字幕，直到1980年代末期。但到了1990年代，大陸電影不僅每句臺詞都給出字幕，而且統統是英漢雙語制。這些片子的國外市場到底有多大，觀眾不得而知，但有一點是非常明確的，這是製作方爲美國的奧斯卡獎評委準備的，以便於他們理解和投票。

〔註5〕睡衣從一開始就是上層社會獨有的奢侈品之一。它的普及和流行，就中國大陸城市而言，就我所知，至少要到推遲到1990年代，而且是在大中城市中的中上階層。影片如此安排，是考慮到攝製照明即技術條件的制約，無法表現夜景，所以就用穿睡衣表示。

為勞動人民一般不喜歡這樣傳達情感，這本是知識分子尤其是古代書生在舞臺上的特權；更要命的是她的定情物居然是一條手絹，木匠哥哥思念她時拿出來聞一聞就陶醉得要暈過去，這顯然也不是勞動人民的作派。影片如此安排，是因為在中國傳統戲劇戲曲中，男女兩性間的定情物一般都會是一個貼身的、具有強烈的性意味、性指向和性色彩的信物，手絹恰恰就是其中之一〔註6〕。

《勞工之愛情》截圖之十三、十四

其次，《勞工之愛情》是狹義上的早期中國電影或曰舊市民電影鬧劇、打鬥特徵的一個典型代表，當時的電影追求的是滑稽、趣味、噱頭，觀眾看的是熱鬧，用現在的話就是越惡搞越出彩、越來勁。所以觀眾看到的很多情節設置就是專門為此安排的。譬如江湖郎中街頭坐診，一個男人胸部臃腫地走過來坐下，大家以為他生出怎樣大的腫瘤，結果這人從懷裏拿出一隻大花瓶（古玩）來推銷；木匠住的樓上是個夜總會，到了晚上裏面的人是醜態百出，喝花酒、打麻將、爭風吃醋，打成一團、引人發笑。影片的高潮就是就是滑梯的設置，木匠為了報復樓上烏男女們的喧嘩吵鬧，把樓梯弄成了活動樓梯，讓他們逐一摔下。從演員到觀眾都明白，演的看的就是圖一個樂兒而已，至於它真實不真實，根本就不值得關心──真要關心倒很弱智了。整個故事線索單一，編導沒有、也不會進入更深層次的挖掘和表現，觀眾的欣賞也是停留於同一層次。

〔註6〕其它富於性意味的信物是毛髮（主要是女方的）或飾物（譬如《碧玉簪》之類）。到了1930年代，中國電影的主人公和觀眾群體逐漸為以青年學生為主體的知識分子階層所取代，這樣的愛情信物及其表現才有了相當的可信度，同時也會向更有時代特徵的物品轉化，譬如書本、文具等──現在是Iphone，MP4等。

　　第三，狹義上的早期中國電影或曰舊市民電影，在主題思想和藝術形式上還屬於舊文藝的範疇和階段。就後者而言，1922年的《勞工之愛情》的技術手段、鏡頭意識相當生澀，一個最明顯的例子就是機位的固定使用，有時候人物和布景都沒有完全進入畫面。

　　由此可以推斷，1910年代反響巨大的《難夫難妻》（又名《洞房花燭》，亞細亞影戲公司1913年出品）和《黑籍冤魂》（幻仙影片公司1916年出品），它們在技術層面的成績不會超出1920年代明星影片公司的製作水準。與1922年的《勞工之愛情》對照推斷，1910年代的《難夫難妻》和《黑籍冤魂》除了在藝術形式上保持著濃重的傳統舞臺劇特徵之外，其主題思想，則依然沒有擺脫當時舊文藝在淺層次上對封建包辦婚姻和舊家族制度批判的窠臼；換言之，狹義上早期中國電影或曰舊市民電影，在思想深度和藝術水層方面，與同時代的中國舊文學、舊文藝屬於同一層次和範疇。

《勞工之愛情》截圖之十五、十六

　　新、舊文學時間上的分水嶺是1917年1月和2月，胡適和陳獨秀先後發表《文學改良芻議》和《文學革命論》，標誌著新文學革命的開始；1918年，周作人《人的文學》、胡適《建設的文學革命論》和魯迅第一篇中國現代小說《狂人日記》的發表，又分別在理論和實踐上鞏固和奠定了新文學的誕生。進入1920年代，新文學無論在思想上還是在藝術上都達到了相當高的程度，但同時期的中國電影卻未能同步發展。

　　明星公司1922年的《勞工之愛情》是如此，長城畫片公司1925年的《一串珍珠》也是如此，後者的主題是要表明，家庭婚姻的悲劇的根源是因為女人愛慕虛榮所致，如此愚昧和落後的思想認識，與當時新文學作品的境界有

天壤之別。1927 年，民新影片公司鉅資投拍的《西廂記》還試圖用新畫面演繹古典愛情；1928 年，大中華百合影片公司拍攝的《情海重吻》仍然宣揚陳腐的愛情道德觀念，影片以女主人公幡然悔悟、痛改前非，重新回到家庭做結，是典型的舊文學筆下癡男怨女故事的翻版。

　　而早在 10 年之前的 1918 年，以魯迅爲代表新文學就已經形象地揭示和表明：中國歷史實際上是一部吃人的歷史（《狂人日記》）；1920 年代後期的新文學則表達了現代青年男女要追求的是靈肉一體的自由愛情和行爲意識。

《勞工之愛情》截圖之十七、十八

戊、多餘的話

　　子、狹義上和廣義上的早期中國電影，包括舊市民電影、新市民電影和左翼電影的一個共同特徵是影片中的故事背景地、尤其是都市背景基本上放在上海，這是因爲從電影開始進入中國，一直到 1937 年 8 月日本軍方和日本電影界支撐的「滿洲映畫協會」成立之前，上海始終是亞洲最大的電影中心之一；再譬如，影片中人物的姓氏基本上沿用演員本人的眞實姓氏，鄭正秋在《勞工之愛情》中演的木匠就叫鄭木匠，這個傳統一直保持到 1930 年代。

　　丑、可慶幸的是，進入 1930 年代以後，尤其是 1932 年左翼電影和 1933 年新市民電影出現後，中國電影不僅在思想領域和新文學同步，而且在製作水平上也和世界電影比肩同行。類似 1922 年《勞工之愛情》一類的舊文藝及其舊觀念退出電影主流，風光不再﹝註7﹞。

﹝註 7﹞除了專業鏈接 2：和專業鏈接 3：以及戊、多餘的話之外，本章的文字部分（約4900 字），在收入《黑白膠片的文化時態──1922～1936 年中國早期電影現存文本讀解》（上海三聯書店 2009 年 10 月第 1 版）之前，曾以《《勞工之愛

《勞工之愛情》截圖之十九、二十

初稿時間：2006年3月21日

初稿錄入：呂月華

二稿校改：2006年8月30日～9月13日

三稿改定：2007年11月30日

四稿校定：2008年7月28日

五稿修訂：2014年2月10日

參考文獻

〔1〕程季華，中國電影發展史：第1卷〔M〕，北京：中國電影出版社，1963。

〔2〕參見：http://news.xinhuanet.com/banyt/2005-03/07/content-2662069.htm。

〔3〕王麗娜，陳超.程永源與父親的人生交織〔J〕，三聯生活周刊，2007(40)：
67。

情〉：傳統戲劇戲曲的電子影像版——現在公眾能看到的最早最完整的早期中
國電影》為題，發表於《渤海大學學報》2009年第4期（瀋陽，雙月刊）。收
入本書時，又將成書版和雜誌版的閱讀指要：合併使用。特此申明。

第貳章 外來文化資源被本土思想格式化的體現——《一串珍珠》（1925年）：舊市民電影及其個案讀解之二

閱讀指要：

在思想性上，《一串珍珠》屏蔽了原著《項鏈》的思想深度、消解了小說的悲劇意義，在試圖用本土思想模式對外來文化的改造的嘗試上是失敗的，但《一串珍珠》在影片的技術拓展和藝術表現上則是成功的。

關鍵詞：「長城派」；舊文化；舊市民電影；道德制高點；閃回鏡頭；

《一串珍珠》截圖之一、二

專業鏈接 1：《一串珍珠》（根據法國莫泊桑的小說《項鏈》改編，故事片，黑
白，無聲），長城畫片公司 1925 出品。VCD（雙碟），時長 101
分鐘。

>>> **編劇**：侯曜；**導演**：李澤源；**攝影**：程沛霖。

>>> **主演**：雷夏電（飾演王玉生），劉漢鈞（飾演王玉生妻子
秀珍），翟綺綺（飾演秀珍閨蜜傅美仙），劉繼群（飾
演傅美仙男友馬如龍），黃志懷（飾演王玉生的經
理），邢少梅（飾演珠寶商），蔡毓飛（飾演毛賊張
懷仁）。

說明：《一串珍珠》沒有片頭的演職員表，所有演職員以及演員飾演
人物的姓名均在影片中出現，以上信息根據影片補注。

專業鏈接 2：影片片頭及片中依次出現的人物及演員姓名字幕

一串珍珠　The "PEARL NECKLACE"

上海長城畫片公司攝製　Produced by Great Wall Film Co Shanghai China

導演：李澤源　Directed by C.Y. LEE

攝影：程沛霖　Cinematographer P.L.CHAN

接片：李文光　Film Edior T.K.LEE

編劇者：侯曜　Story &Scenario by Y.HOU.BA.

製片總監：劉兆明　Production Manager S.M .LIU

配景：李乾初　Settings by K.C.LEE

畫幕：李如棣　Art Titles by Y.T.LEE

繪圖：張體仁　　T.J.DIAN

　　　王玉生　雷夏電　Wang Yu Sang　Harding Loue

　　　其妻秀珍　劉漢鈞　His wife，Wang Sui Ching. H.June Liu

　　　傅美仙　翟綺綺　Foo Mei Sian　E.E.Dich

總理：黃國光　黃志懷 Wong Kwok Kwong. President of the Company.

　　　　　　　　　　　G.Y.Wong

　　　　傅老太　朱鳳美　Mrs.Foo.Mei-Sian's mother.Gee Fung-mei

珠寶商：周全　邢少梅　Chu Tsiang. a jeweller.Hsin Shau-mei

　　　　張懷仁　蔡毓飛　Chang Wai-yen. Tsai Yoke-fei

專業鏈接 3：影片鏡頭統計

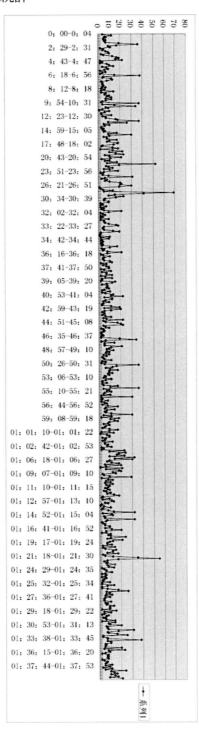

說明：《一串珍珠》全片時長 100 分 26 秒，共 658 個鏡頭。其中：

甲、小於和等於 5 秒的鏡頭 249 個，大於 5 秒、小於和等於 10 秒的鏡頭 218 個，大於 10 秒、小於和等於 15 秒的鏡頭 80 個，大於 15 秒、小於和等於 20 秒的鏡頭 53 個，大於 20 秒、小於和等於 25 秒的鏡頭 22 個，大於 25 秒、小於和等於 30 秒的鏡頭 8 個，大於 30 秒、小於和等於 35 秒的鏡頭 8 個，大於 35 秒、小於和等於 40 秒的鏡頭 7 個，大於 40 秒、小於和等於 45 秒的鏡頭 1 個，大於 45 秒、小於和等於 50 秒的鏡頭 0 個，大於 50 秒、小於和等於 55 秒的鏡頭 2 個，大於 55 秒、小於和等於 60 秒的鏡頭 0 個，大於 60 秒、小於和等於 65 秒的鏡頭 0 個，大於 65 秒、小於和等於 70 秒的鏡頭的鏡頭 1 個（69 秒），大於 70 秒的鏡頭 0 個。

乙、片頭鏡頭 9 個，字幕鏡頭 111 個，其中交代劇情的鏡頭 28 個，演員表鏡頭 7 個，對話鏡頭 76 個。

丙、固定鏡頭 495 個；運動鏡頭 43 個。

丁、遠景鏡頭 30 個，全景鏡頭 153 個，中景鏡頭 204 個，中近景鏡頭 44 個，近景鏡頭 82 個，特寫鏡頭 25 個。

（數據統計、核實與圖表製作：喬潔瓊、李櫐雄）

專業鏈接 4：影片觀賞推薦指數：★★★☆☆

《一串珍珠》截圖之三、四

甲、前面的話

1920 年，居住在美國紐約的華僑對當時上映的有關中國的紀錄片表示不滿，認爲其有辱華色彩，遂向有關各方抗爭；沒有結果後，來自不同行業的幾個熱血青年在次年招股成立「長城製造畫片公司」；主創者們生怕自己的專業技能不夠，其中的梅雪儔、李文光、程沛霖、李澤源等人還分頭去學習動畫製作、攝影和機械修理製造[1] P90～91；再次年（1922 年），公司拍出兩部短片《中國的服裝》《中國的國術》；影片和票房已不可考，事實是，1924 年，公司搬遷回國，

更名「長城畫片公司」並在上海開始拍片，史稱「長城派」[2] P90~91。

「長城派」一直想走出一條自己的國產電影道路，旗下曾擁有侯曜（1903
~1942）和孫瑜（1900~1990）這樣的大牌導演。可惜到了 1928 年，「長城
畫片」也不能免俗，被新興起的武俠電影浪潮所裹挾，也去拍武俠電影——
這就只有走向沒落。在 1930 年公司倒閉之前，一共拍了 30 部電影，這在今
天也算高產 [3] P551~553。但現在公眾能看到的，只有 1925 年的《一串珍珠》和
1929 的《兒子英雄》（又名《怕老婆》）。

《一串珍珠》截圖之五、六

分析一下《一串珍珠》就會發現，到了 1925 年，作爲中國早期電影最初
形態的舊市民電影，在強調故事性的同時，開始和舞臺表演拉開距離，充分
運用電影的特殊表現手段，進一步迎合觀眾的欣賞和看戲心理。中國人喜歡
看戲，戲劇和蓬勃興起的電影業，極大的滿足了中國人的傳統觀賞心理，尤
其是市民的文化消費習俗和審美訴求模式。需要注意的是，從 1905 年所謂中
國電影誕生之日起，中國電影觀眾的定位就是以城鎮居民爲主體的市民——
因爲電影既是現代化也是城市化的必然產物。實際上，我將 1930 年代初期有
聲電影出現之前的中國電影統稱爲舊市民電影，以區分 1930 年代初期有聲電
影出現之後、晚於左翼電影 1 年興起的新市民電影。

乙、《一串珍珠》：舊市民電影特性的體現

舊市民電影的特徵首先體現在人物的社會階層定位上，它強烈關注中上層
人士及其生活和感情，1925 年的《一串珍珠》是如此，1927 年的《西廂記》（殘
本，民新影片公司出品）也是如此，無論是張生還是崔鶯鶯，他們都不是下層
勞動人民。即使影片中的人物看似下層人物，譬如《勞工之愛情》（明星影片公
司 1922 年出品）中的男女主人公，他們看上去像是所謂的社會底層民眾，但無

論是審美趣味還是衣著打扮都反到更像是中上層人士；即使是以農村爲背景的
《兒子英雄》中的主角，那孩子看上去更像是一個城裏人，更不要說他的繼母、
賭徒的太太，一點都不像眞正的下層民眾。《情海重吻》（大中華百合影片公司
1928年出品）更不要說了，主人公是知識階層──青年學生。1920年代的舊市
民電影和中國古典文學一樣，始終把目光放在中上層人士和相應的社會階層
上，並沒有像同時期的中國新文學一樣，關注所謂的底層民眾和下層社會。

《一串珍珠》截圖之七、八

　　其次，1920年代的市民文學、市民文化，在觀念和藝術表現方式上，落
後於當時的新文學和新文化──雖然就整個文學發展史來說，市民文學觀念
是進步的，但在20世紀初期，新文化運動和新文學興起之後，它的發展停滯
了、落後了。如果把落後的文藝觀念指導下的作品稱爲舊文學、舊文藝，那
麼套用這一概念，1910年代至1920年代的電影可稱之爲舊電影。換言之，20
世紀前20年的市民電影是落後的舊電影，這體現在它的思想上和觀念上。譬
如在《一串珍珠》當中，給家庭帶來悲劇的禍根就在於女人──女人愛好虛
榮，所以女主人公最後悔恨地說，「好虛榮的確是我們女子的大毛病」。這樣
的觀念，和同時代的文學作品相比，簡直是陳腐的、和迂腐的──然而在《一
串珍珠》中卻把它提到這麼高的層次，推動整個情節發展的都是「女子的虛
榮心」〔註1〕。包括編劇在內的長城畫片公司這些主創人員，大都是留學美國

────────────

〔註1〕中國文化中歷來有一種傳統，小到一個家庭的起伏，大到一個國家的興衰，
　　　　壞原因都被歸結到女性身上──最普通的例子就是紅顏禍水。譬如吳三桂之
　　　　所以從一個民族英雄、封疆大吏墜落成一個漢奸、賣國賊，就是因爲「衝冠
　　　　一怒爲紅顏」。其實仔細思量就會明白，吳三桂的選擇絕不是一個個案和另
　　　　類，往大裏說，這是歷史的必然選擇，往小裏說，這樣的處境只能產生這樣
　　　　的結果。這種嫁禍於女性的傳統，與其說是一種歷史觀念，倒不如說是中華

出身，接受過最先進的西方文化的薰陶，但在電影中卻暴露出如此不合時宜的道德和價值觀念。

第三，審美趣味的通俗性或曰大眾娛樂性。1920 年代中國知識階層並不將電影當成正經玩意兒，它是不登大雅之堂下層民眾的消遣。換言之，知識階層在 1920 年代對電影的正視和重視不夠，人們所熟知的中國知識界代表人物對文化建設的諸多貢獻，在 1920 年代幾乎沒有涉及電影，當時絕大部分電影從業人員的教育背景和知識結構也充分說明了這一點。到了 1930 年代，這種現象被大大改變，優秀的作家、詩人、戲劇家紛紛投身電影事業，譬如人們熟悉的田漢、夏衍、洪深等，都是在現代文學史上佔有一席之地的人物——更不要說大批在海外學成歸國的專業人員投入電影製作行業。

《一串珍珠》截圖之九、十

中國電影從一開始就是大眾的、但又是底層的，市民的、但又是被農業文明籠罩的審美活動。譬如，所謂第一部中國電影《定軍山》，實際上只是拍攝了這出京劇的幾個片斷[4]P16。在 1910～1920 年代電影的製作中，舉凡打鬧、追逐、偷情、兇殺、吸毒、毀壞社會綱常等等，都在電影中得到體現。在中國早期電影史上著名的影片，譬如《二百五白相城隍廟》、《難夫難妻》（均為亞細亞影戲公司 1913 年出品）、《黑籍冤魂》（幻仙影片公司 1916 年出品）、《閻瑞生》（中國影戲研究社 1921 年出品）、《紅粉骷髏》（新亞影片公司 1921 年出品）等等不一而足，都反映了下層市民階層的審美趣味。

傳統文化的一個特色——弱者心理的表現。到了 1920 年代，對女性的這種近似於侮辱的評判和道德要求，在新文學作品當中已經被掃蕩出局，至少對於廣大青年知識分子來說，已經不再接受這種觀念了，而《一串珍珠》卻依然對此津津樂道。

　　第四，中國早期電影注重「無巧不成書」的敘事策略，演繹的是「文以載道」的主題。《一串珍珠》的主題就是由於男女主人公（主要是女主人公）愛慕虛榮，結果導致整個家庭毀於一旦，而一旦他們幡然悔悟，不僅在道德上成功救贖，而且在經濟上也能翻盤──最終又恢復了他們資產階級的幸福生活。電影中出現道德觀念並不奇怪，市民電影尤其是舊市民電影在追逐票房的同時，往往會搶佔道德制高點──黑白分明，善惡有報。譬如上述有代表性的影片，也許電影題材和層次不是很高，也許時空範圍涉及古今中外，題材不拘一格，但是道德標尺卻是勿庸置疑的，最終給出的鮮明的道德評判也是明白無誤的。

　　《一串珍珠》當中角色一正一反，有好人就有壞人。早期中國電影是依附於戲劇的，而戲劇的角色和道德觀念一樣，都是黑白分明的，好人上臺一臉忠厚，壞人上臺則是面目奸詐，好壞分明。1910～1920 年代，觀眾的觀影心理是由戲劇戲曲養成的。舊市民電影中黑白、正反、善惡，涇渭分明，與舊文藝有一個共同的特點：道德制高點的搶佔是編導和觀眾共同認可共同完成的。道德評判必然影響到人物表演、角色分配等方面，最終一定要揚善懲惡。譬如在《一串珍珠》中，由於女人的虛榮，男人進了監獄，女人搬出豪宅，到了鄉下給人做織補，長夜孤燈，悔恨無邊。影片給出的字幕是：「指痛無人知，目腫難為哭，一針復一針，將此救饑腹」。為了增強道德懺悔力度，影片還運用了電影特有的手段，女主人公勞累中，眼前的一團針線變成一串珍珠，那一串珍珠又變成兩個鮮明的大字──禍患。

　　在進行道德懺悔的同時，電影始終不忘進行正面的道德說教。正是這種道德懺悔、道德說教搶佔了舊市民電影的道德制高點，因此導致了舊市民電影敘事空間的封閉，在封閉的空間找出各種元素，將其搭配起來，形成一個大團圓的結局〔註2〕。

〔註2〕大團圓的的結局和民族審美心理，應該上昇到中國傳統文化的層次上去考量。就敘述的角度而言，中國藝術的敘述結構在時空上是封閉的，進而形成相應的審美和定式。譬如王子與公主的童話故事，開頭總是「從前……」或「很久很久以前……」，結尾常常是「從此兩人過上了幸福的生活」，人們一般不會考問在此之前或從此以後的事態發展。中國文學現代意義上的小說，其概念、模式、表現形式，皆是跟從西方文學輸入生成。因此，中國現代文學是西方文學的產物，而舊市民電影的封閉性緣於舊文藝的落後性，好人壞人的結局都交代清楚。若是西方的電影和小說往往至此便戛然而止，譬如歐・亨利的小說，總在意料之外情理之中，留給讀者以很大的開放性的想像空間。但這些在 1920 年代是不符合中國的民族審美習慣的。

《一串珍珠》截圖之十一、十二

丙、試圖以本土思想模式對外來文化的改造嘗試和電影的本體性體現

電影《一串珍珠》改編的藍本，是莫泊桑發表於 1884 年的小說《項鏈》。《項鏈》本來是一個非常感人的故事，幾十年過來了，人們似乎才突然明白，女主人公瑪蒂爾德和她的丈夫有一顆多麼高貴、純潔的心靈：夫妻倆用了 10 年光陰和辛勤勞動終於還清了賠償項鏈的鉅額債務，換回了人性的尊嚴、守住了自己的那份誠信〔註 3〕。

如果說《項鏈》是一個悲劇，那麼，電影《一串珍珠》則試圖用本土思想模式將其豐滿、國粹化，結果把它改成了一個國產喜劇，並將其世俗化、扁平化。從影片當中，觀眾不能再看到原作的悲劇色彩和對人性的挖掘深度〔註 4〕，看到的只是一個皆大歡喜的、帶有強烈中國特色的文化結晶體。由

〔註 3〕上世紀 1980 年代，《項鏈》曾選入大陸中學語文課本。教科書的編纂者強調說：《項鏈》揭露了罪惡的資本主義和社會本質，小說中的人物生活在萬惡的資本主義社會，所以他們的道德水準低下，虛榮心旺盛。廣大讀者也一直認為並相信，生活在那樣的社會太恐怖了，丟一個項鏈都要賠個底兒掉，（其實1980 年代的大陸，絕大多數人壓根兒就沒見過什麼項鏈，以為是和自行車一樣的奢侈品），要是生活在社會主義的新中國就絕對不會發生這樣的事情——而這事實上正是教材的編纂者想要告訴青年一代的主旨。

《項鏈》是一個悲劇故事，不能簡單地用人的虛榮心去解釋它。其實，虛榮是人的本性——虛榮、嫉妒、仇恨和人們所歌頌的愛和感恩一樣，是不能把它完全從人身上和人性中剔除出去的。如果把這些剔除，一個人就不是人，而是神了。雖然壞的本性無法剔除，但是人們可以和這些不好的本性鬥爭，最後善才戰勝了惡，誠實戰勝了虛偽。而這一切的得到是要付出巨大的代價的，《項鏈》就給人們展示了這樣一個掙扎、決絕以後的結局。

〔註 4〕譬如中國傳統文化中「唐伯虎和秋香」的故事演繹，聽上去很美，但唐伯

於馬如龍陷害了男主人公，導致男主人公家庭的墮入赤貧底層，最後馬如龍良心發現，要給人家一個補償。影片大結局處理弄得特別庸俗：馬如龍請王玉生到他的公司做主任會計，他弔著繃帶在旁邊協助；他的太太美仙則幫助馬太太贖回原來的豪宅，王家的老太太和小孩再度出現，兩家人其樂融融，從此「幸福地生活在一起」。從這樣的處理可以看出，本土的思想模式將外來文化資源的核心部分拋棄之後，在 1920 年代市民階層所能夠接受的思想高度，將其改造成一個和其審美趣味像匹配的道地國貨。

《一串珍珠》截圖之十三、十四

影片中，男主人公因為盜用公款被關進監獄，他的太太只好搬進了貧民窟。這些突破原作的情節設置，非常明顯地體現了編導的用意，即用強烈的道德色彩統率著整個電影，編導把倫理道德以非常強烈的感性化的方式傳達給觀眾。如何拯救道德的惡？在 1920 和 1930 年代，中外許多人士都認為城市是罪惡之源，人的種種欲望皆是由城市文明所引起的。如何治療這種城市的文明？如何病療救人的道德的缺陷和不足？那就是必須要回到鄉村，回到生活底層，只有這樣，人才能不僅在行為方式上樸素，而且心靈也能上昇到美好的境界，卓別林在那個時期的電影結局通常就是走向鄉村，就是這種道德困惑和解釋的最好證明。

虎（唐寅，1470？～1523，一字子畏，號六如居士、桃花庵主、逃禪仙史等，吳地即今江蘇省蘇州市人），在歷史上其實是一個很悲慘的人物，根本就沒有這麼多美女會追著他，仕途上也沒那麼春風得意，也不會像香港電影《唐伯虎點秋香》（永盛電影製作有限公司 1993 年出品）那樣，裝成要飯花子，見著美女就那麼沒尊嚴地抱著大腿一通亂叫──他最後是被劣紳誣陷而死的。正因為中國歷史上沒有幾個那樣瀟灑的文人和知識分子（因為沒有那樣的環境），所以民間才把他塑造成風流倜儻、浪漫不羈的文藝青年──這麼高的要求不能要求周星馳時代的香港電影做到。

如果說在思想性上，《一串珍珠》屏蔽了原著《項鏈》的思想深度、消解了小說《項鏈》的悲劇意義，在試圖用本土思想模式對外來文化的改造的嘗試上是失敗的，那麼，電影在其結構的技術拓展和藝術表現上則是成功的。

《一串珍珠》截圖之十五、十六

《一串珍珠》充分運用了電影獨有的藝術手段，電影語言的自覺意識開始出現。尤其是和《勞工之愛情》這樣的戲劇舞臺電影作比較，其表演和節奏，打破了《勞工之愛情》的固定不動的鏡頭，運動性鏡頭已經出現，譬如首飾店夥計追趕男主人公玉生的車那一段鏡頭；其次，取景範圍擴大，遠景、近景交替出現，同時，畫面的構圖設計很值得稱道。譬如同事揭發了玉生挪用公款後，經理來查賬那場戲，同事始終佔據左下角，經理以站位佔據右邊畫面，中間留給報賬的玉生、進來追討項鏈的首飾店老闆和客戶。整場戲使用固定機位，畫面處理得既有穩定感又有動感，很是講究。第三，是編導對細節及其銜接的處理很下功夫，譬如玉生之所以能夠在馬如龍與張懷仁搏鬥、受傷倒地時及時出現，是因為他在公司大門口撿到了馬如龍身上掉落的信件（張懷仁的敲詐信），這個細節其實可以直接編派，但編導卻沒有馬虎，而是專門鋪墊了一個細節：馬如龍在辦公室穿衣戴帽、準備和張懷仁見面攤牌時就掉下過東西——這就比較讓人信服。

實際上，《一串珍珠》最引人注目的是影片倒敘（閃回）鏡頭的使用。譬如影片直到快結束時，才交代項鏈的失竊，與追求女主人公閨蜜夫的馬如龍有關，而它基本上是用倒敘（閃回）完成的。閃回鏡頭在整體上加強了觀眾對情節和人物心理的理解，通俗易懂，最大效率的利用了電影獨特的藝術技術手段，（要是在戲劇戲曲中只能借助繁複的語言文字交代）。譬如影片中的

四段閃回：第一段閃回是王生出獄後去找親戚，希望他們能幫助自己介紹工作，遭遇冷落之時，回想以前熱鬧親密時的情景；當王生遇到以前的朋友時，再次不被理睬，王生又回想起以前一起吃飯時稱兄道弟時的情景，出現了第二次閃回；馬如龍第二次被張懷仁敲詐，馬如龍回想起以前幾次給錢的場景，每拿出一封敲詐信，都用閃回來復述；當馬如龍在醫院內良心發現，講述他如何與張懷仁偷取珍珠項鏈，並送給美仙的時候，鏡頭就閃回到張懷仁當時偷竊的過程，以及馬如龍騙取美仙好感的場景，從而對珍珠項鏈的失竊案件做了完整回顧，同時照顧了影片的整體改編策略。

《一串珍珠》截圖之十七、十八

雖然在電影的本體理念和敘述模式上，舊市民電影從文藝觀念上來說屬於中國傳統文藝框架，當時的西方現代電影觀念和獨立的敘述手法還沒有被全面認識和接受，但與其相關的技術手段和技巧，就1925年的《一串珍珠》來看，已經難能可貴。

丁、多餘的話

子、除了奠定了1930年代電影製作中演員姓什麼，人物也姓什麼的基調之外，1920年代舊市民電影中的人物姓名還有著強烈的道德傾向性。譬如《一串珍珠》的男主人公「玉生」的命名，就說明他本性是好的，質本純潔；其妻叫「秀珍」，也是一個賢淑的傳統名字；馬如龍太太「美仙」就不如「秀珍」品質純正；而馬如龍本身由於在道德上有所欠缺，所以用了「車如水，馬如龍」的意思，顯得不夠莊重和尊重；至於「張懷仁」，就是諧音姓張的「壞人」──這種手法有其傳統性，譬如「卜世仁」就是諧音「不是人」，劉懷順諧音就是「流（劉）壞水」。到了1949年後，大陸電影中反面人物的代表的「黃

世仁」其實就是秉承了「卜世仁」的冠名模式（《白毛女》，東北電影製片廠
1950 年出品）。

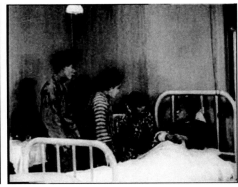

《一串珍珠》截圖之十九、二十

　　丑、當馬如龍指使張懷仁去偷玉生太太的項鏈並且許諾他好處的時候，
馬如龍說：「事成之後重重謝你」，正是因爲這個極具中國語言特色的「重重
謝你」留下了電影情節演繹的空間。這種語言上模糊性與其說是法律意識上
的不嚴謹，倒不如說是傳統文化模糊特性的體現。譬如人們經常說「我哪天
請你吃飯」，外國人一般就會拿出紙筆來問：那究竟是哪一天——這在中國人
看來就很無聊了。所以現如今每當看到校園裏的招貼啓示上面寫著「必有重
謝」之類的話，我總覺得這裡面懸念太多〔註5〕。

《一串珍珠》截圖之二十一、二十二

〔註 5〕除了專業鏈接 2：和專業鏈接 3：，以及丁、多餘的話之外，本章的文字部分
　　　　（約 6200 字），在收入《黑白膠片的文化時態——1922～1936 年中國早期電
　　　　影現存文本讀解》之前，曾以《外來文化資源被本土思想格式化的體現——
　　　　〈一串珍珠〉（1925 年）：舊市民電影及其個案剖析之一》爲題，發表於《上
　　　　海文化》2007 年第 5 期（雙月刊）。特此申明。

初稿時間：2003 年 10 月 9 日
初稿錄入：陶冶
二稿時間：2006 年 12 月 31 日
二稿錄入：方捷新
三稿校改：2007 年 1 月 14 日
四稿改定：2007 年 12 月 1 日
五稿修訂：2014 年 2 月 11 日

參考文獻

〔1〕程季華，中國電影發展史：第 1 卷〔M〕，北京：中國電影出版社，1963。
〔2〕程季華，中國電影發展史：第 1 卷〔M〕，北京：中國電影出版社，1963。
〔3〕程季華，中國電影發展史：第 1 卷〔M〕，北京：中國電影出版社，1963。
〔4〕酈蘇元，胡菊彬，中國無聲電影史〔M〕，北京：中國電影出版社，1996。

第參章　新知識分子的舊市民電影創作
——以1927年民新影片公司的《海角詩人》（殘篇）為例

閱讀指要：

　　八十多年後才被研究者們看到的《海角詩人》再次證明，在 1920 年代，即使是完全出自新知識分子之手的新電影，也只能歸於當時的主流電影形態——舊市民電影：即題材與主題不出戀愛婚姻的範疇，表現模式和市場賣點局限於才子佳人。同時，作為社會精英階層，知識分子的話語權力、心理價值和審美價值取向對舊市民電影不無滲透，並且成為後者影像化的市場通俗消費。

關鍵詞：侯曜；早期中國電影；舊市民電影；新知識分子；審美趣味；價值取向；

《海角詩人》截圖之一、二

專業鏈接 1：《海角詩人》（故事片，黑白，無聲），民新影片公司 1927 年出品。現存 DVD 視頻（殘篇）時長：19 分 31 秒。

>>> **編劇、導演**：侯曜；**攝影**：梁林光。

>>> **主演**：侯曜（飾演詩人賀一萍）、林楚楚（飾演富家小姐）、李旦旦（飾演柳翠影）。

說明：《海角詩人》沒有片頭的演員表，演員及其飾演人物的姓名均在人物第一次出場時出現，以上信息根據影片與相關資料補注。

專業鏈接 2：影片片頭及片中依次出現的人物及演員姓名字幕

上海民新影片股份有限公司

海角詩人　　A Poet From The Sea

製片總監：李應生　黎民偉　PRODUCTION MANAGERS：Y.S.LEE
　　　　　　　　　　　　　　　　　　　　　　　　　M.V.RAY

編劇兼導演：侯曜　WRITTEN&DIRECTED By Y. MOU

副導演：邢少梅　ASSISTANT DIRECTOR：S.M.SHEN

攝影：梁林光　PHOTOGRAPHY By L.K.LIANG

布景：魯少飛　SETTINGS By SOPHEE.RUE

說明：侯曜　CHINESE TITLES By Y.HOU

翻譯：朱維琪　ENGLISH TITLES By W.G.DJU

繪題：范竹雲 潘思同 董翰一　ART TITLES By C.Y.VAN
　　　　　　　　　　　　　　　H.Y.TONG S.D.PER

詩人賀一萍：侯曜　Meng Ih Bing,the poet.　Y.HOU……

丁本，萍的鄰居：糜中　Ting Bung,Ih Bing`s neighbor. Mi Tsong……

柳翠影：李旦旦　Liu Tsan ying.　Miss.DD.Lee……

柳勇，翠影之弟：朱樹濤　Liu Yung,Tsan Ying`s younger brother
　　　　　　　　　　　S.D.Dju……

張天壩：辛夷　Chang Tien Pao　Sing-Yee……

錢二，天壩的黨羽：邢少梅　Tsian Er, Tien Pao`s subordinate
　　　　　　　　　　　S.M.ying……

專業鏈接 3：影片鏡頭統計

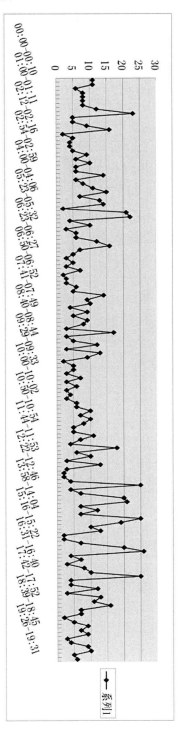

說明：《海角詩人》殘片時長 19 分 31 秒，現存殘餘鏡頭共 141 個。其中：

甲、小於和等於 5 秒的鏡頭 53 個，大於 5 秒、小於和等於 10 秒的鏡頭 53 個，大於 10 秒、小於和等於 15 秒的鏡頭 19 個，大於 15 秒、小於和等於 20 秒的鏡頭 8 個，大於 20 秒、小於和等於 25 秒的鏡頭 7 個，大於 25 秒、小於和等於 30 秒的鏡頭 1 個，大於 30 秒的鏡頭 0 個。

乙、片頭鏡頭 7 個，片尾鏡頭 2 個；字幕鏡頭 22 個，其中，交代劇情的鏡頭 7 個，演員鏡頭 6 個，對話鏡頭 9 個。

丙、固定鏡頭 110 個；運動鏡頭 0 個。

丁、大遠景鏡頭 1 個，遠景鏡頭 27 個，全景鏡頭 39 個，中景鏡頭 26 個，近景鏡頭 14 個，特寫鏡頭 3 個。

（數據統計與圖表製作：田穎；覆核：李棗雄）

專業鏈接 4：現今影片觀賞指數（個人推薦）：★★☆☆☆

《海角詩人》截圖之三、四

甲、前面的話

1960 年代出版、集大陸學者集體智慧之大成的《中國電影發展史》（程季華主編），對 1949 年前的中國電影歷史表述，基本上是當時大陸官方意識形態的準確體現。一般說來，編纂者會對符合其政治標準的即所謂進步的、革命的，或優秀的作品與編導給予比較多的篇幅予以表彰，對於不符合標準的即所謂反動的、落後的編導與影片，不僅否定態度鮮明、語氣激烈，而且篇幅相對較少，個人簡歷要麼沒有，要麼簡而又簡、含糊其辭。侯曜屬於後一種情形，但卻相對顯得篇幅較多：基本上他編導的每一部影片都被冠以與「資產階級」相關的否定性惡評 [1] P91～97，P109～110；對侯曜 1927 年編導的影片《海角詩人》，乾脆專門闢出一節，給予標籤式的定性題目，曰：「消極頹廢的《海角詩人》及其他」[2] P108，結論是「有利於反動統治階級」[3] P110，這在當時是可以嚇死人的。

《海角詩人》截圖之五、六

　　1990 年代的中國電影史研究，基本秉承了以往即成的視角和思路，譬如在肯定影片具有「浪漫主義氣息」之後，依然指責其主題具有「消極意義」[4] P260。2000 年以後的研究者，試圖突破這種褊狹，有意識地避開意識形態話語體系約束，努力在影片的藝術精神的評價上下功夫。譬如有人認爲，這是「一個凄美的愛情悲劇框架下講述一個反抗都市的故事」[5] P58；這種努力推到極致，便認爲《海角詩人》「描寫『靈與肉的衝突』」[6] P37。還有人認爲，影片仍舊沿續了編導以往對「問題劇」討論的「思想觀念，如……自由戀愛」[7] P114。直到 2011 年，上述研究者之一的秦喜清博士在國外看到影片的殘篇，才發見，《海角詩人》雖然的確延續了編導對「現代文明」「一貫的批判意識」，但缺點在於「缺乏敘事上的支持」[8]。在此我首先要感謝秦博士，正因爲她的慷慨無私，我才有機會看到殘存的《海角詩人》影像並做出自己的判斷。那就是，各位研究者的分析都有道理可言，但如果將《海角詩人》歸於舊市民電影的時代性製作，許多問題也許就不會成爲問題。

《海角詩人》截圖之七、八

乙、侯曜在長城畫片公司的電影創作和時代背景

　　1920 年年初，美國紐約公映的兩部中國題材的影片《紅燈照》和《初生》，被當地華僑認爲是「惡意描寫了中國人的生活」，遂多次交涉抗議，自然沒有

效果[9]P90。此事促使幾位中國留學生就此投身電影事業，並於兩年後發起成立長城畫片公司；在出品了《中國的服裝》和《中國的武術》兩部短片後，公司連人帶設備搬遷回上海開始營業[10]P91，「廣東同鄉」侯曜，成為他們延請的編劇主任兼導演[11]P92。從前一個細節可以推測，發起和主持「長城畫片」幾位留學生的籍貫也應該是嶺南人氏。中國人歷來有抱團辦事的傳統，尤其是在外闖蕩的時候，因此，這種延攬和組合實屬正常與必然，因為，無論是在國外還是上海，對這些廣東人來說，都是與故鄉熱土相對而言的外地[註1]。

《海角詩人》截圖之九、十

以往的電影史研究認為，「長城畫片」不願意和鴛鴦蝴蝶派文人合作，是由於其「民族資產階級性質」決定的[12]P92。這種看法現在看來相當無釐頭，雖然它在當時的語境中是嚴肅認真的。事實上，「鴛蝴派」作家作品既當時中國通俗文藝的主流代表，也是與新文學作家作品分庭抗禮的中堅，（譬如代表後者的《小說月報》由茅盾主持後，也只在青年學生中獲得了支持擁護[13]P94）；同時，它又是當時上海對電影製作影響最大的文化勢力：從1921～1931年間，全國各電影公司出品了650部影片，其中的絕大部分有「鴛蝴派」文人的參與製作，是「鴛蝴派」文學的影像版[14]P56。因此，「長城畫片」之所以青睞侯曜並委以重任，顯然一是出於同鄉之誼、辦事習俗，二是侯曜本人具有的教育背景和編導實力。否則，光憑熱情和資金，他們根本就無法打開上海的電影市場。

[註1] 侯曜的籍貫有廣東和廣西兩種說法，但並不肯定，參見彭耀春：《侯曜考據研究》〔註2〕（《南京社會科學》2006年第6期）。但在我看來，前者的證據似乎更充分，因為彭耀春博士援引現存東南大學的《國立南高東大中大畢業同學錄》的記載，找到侯曜是「廣東番禺人」的證據（參見彭耀春：《侯曜考據研究》〔註3〕）。因此，我這裡遵從《中國電影發展史》的說法。（但即使侯曜是廣西籍，也屬於兩廣人氏，況且在上海，與廣東人也能扯得上「大同鄉」的關係──都是外地人，即時下所謂「滬漂」一族）。

　　據彭耀春博士考證，侯曜 1924 年畢業於東南大學教育專修科第三班（民國十三年 6 月）[15]，這個時間恰好和「長城畫片」延攬他加入公司的時間段落吻合。而他學習的東南大學，前身是創辦於 1902 年的三江師範學堂，至 1921 年，再以南京高等師範學校爲基礎，正式成爲國立大學——1920 年代的國立綜合性大學，僅有北京大學與東南大學這兩家，學術地位上，二者也是旗鼓相當——1928 年，學校更名爲國立中央大學，也就是 1949 年後更名至今的南京大學[16]。當年先後爲東南大學執教的各路牛人，今人可以如數家珍。舉起要者：教育家郭秉文（1915）[17]、陶行知（1917）[18]、陳鶴琴（1927）[19]，詞曲家吳梅（1917～1937）[20]、陳中凡（1921）[21]，中西文化學者梅光迪（1921）[22]，美學家宗白華（1925）[23]，哲學家方東美（1925）[24]，中西比較文學的奠基人吳宓（1926～1928）[25]……，至於至今被視爲一代宗師的語言學家呂叔湘，則是比侯曜晚畢業兩年的師弟（1926）[26]。

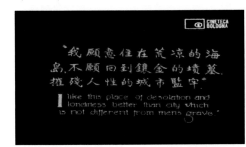

《海角詩人》截圖之十一、十二

　　拉升歷史觀照的視角就會發現，當年國立東南大學-國立中央大學所在的南京，是與上海、北京齊肩的文化重鎮。這種氛圍和人文地理環境，歷來有利於復合型高端人才的出現。侯曜就是例證之一：他學的是教育，熱愛的是戲劇[27] P56，電影史又不能迴避他的貢獻。而戲劇不僅和早期中國電影存在著天然的血緣關聯，也與文學的時代脈動直接相關。1918 年和 1919 年，魯迅先後發表的《狂人日記》和《孔乙己》，正式奠定了新文學的「正宗地位」[28] P58。換言之，中國現代小說首創於留日學生魯迅之手，並被其他留日學生如郁達夫、留美學生如陳衡哲等眾「海歸」發揚光大［註2］。新小說很快出現了「問

────────────

［註 2］整個中國新文學的理論綱領設想，是由在美國留學的胡適和他的中國同學如梅光迪、陳衡哲討論之後，又與遠在國內的前留日學生陳獨秀商量後建構的，文字結晶就是 1917 年發表的《文學改良芻議》和《文學革命論》。這其中，

題小說」和「問題小說家」，後者的一部分加入了倡導（文學）「爲人生」的「文學研究會」[29] P61──這是 1920 年代新文學最著名、對精英階層影響最大的社團之一，發起者和主要成員有周作人、茅盾等──魯迅不在其內，因爲大家從來都可以自成一家。

「問題小說」圍繞的是「人生究竟爲什麼」這樣的終極思考，而它的出現，又與挪威作家易卜生的「社會問題劇」當時風行於中國有著直接的聯繫[30] P61～62。侯曜的熱愛戲劇背景和加入「長城畫片」的時節，正是他的戲劇電影理念形成之時，即「人生就是一幕很長的沒有結局的戲劇」，藝術必須「表現人生」、「批評人生」、「美化人生」、「調和人生」，提出各式各樣的「人生問題」。有意思的是，侯曜本人就是「文學研究會」的一分子[31] P92。

「長城畫片」從 1924 年開張到 1930 年公司結束業務，前後存活 7 年，一共拍了 30 部影片[註3]。侯曜或編或導、或連編帶導 6 部，包攬了公司開

留日學生周作人、前留日學生周樹人則分別爲新文學的理論和創作建構了基礎性貢獻，即 1918 年發表的《人的文學》和《狂人日記》，周氏兄弟對現代散文和小說創作領域的理念和典範貢獻巨大，並影響至今。新詩的出現，是由胡適（留美）、郭沫若（留日）、聞一多（留美）、徐志摩（留英）等合力完成、發展。中國現代話劇的開端，主要歸功於留日學生組織的「春柳社」於 1907 年在東京公演的《茶花女》和《黑奴籲天錄》，李叔同、歐陽予倩均名列其中──後者又是 1930 年代國產新電影──左翼電影的骨幹之一。因此，說中國新文學孕育於本土文化，但被催生於西方文學，這是應該歷史而不是價值取向的結果。

[註 3] 三十部影片的詳細信息，《中國電影發展史》第一卷第 551 頁羅列如下：

《棄婦》，（1924，11 本）。編劇：侯曜，導演：李澤源、侯曜，攝影師：程沛霖。主要演員：王漢倫、甘雨時、濮儔、胡彩霞、陳疑夢。

《摘星之女》，（1925，10 本）。編劇：侯曜，導演：李澤源、梅雪儔，攝影師：程沛霖。主要演員：王漢倫、雷夏電、劉繼群、邢少梅、包夢蛟、陳疑夢。

《春閨夢裏人》，（1925，9 本）。編劇：侯曜，導演：李澤源、梅雪儔，攝影師：程沛霖。主要演員：王漢倫、雷夏電、劉繼群、瞿綺綺、黃志懷、沈麗霞。

《愛神的玩偶》，（1925，9 本）。編劇：濮舜卿，導演：侯曜、梅雪儔。主要演員：雷夏電、張秀影、劉繼群、瞿綺綺、邢少梅、陳疑夢。

《一串珍珠》，（1925，10 本）。編劇：侯曜，導演：李澤源，攝影師：程沛霖。主要演員：雷夏電、劉漢鈞、劉繼群、瞿綺綺、黃志懷、邢少梅。

《偽君子》，（1926，9 本）。編導：侯曜，攝影師：程沛霖。主要演員：雷夏電、瞿綺綺、劉繼群、王謝燕、劉漢鈞、黃志懷、盧冰憐、辛漢文。

《鄉姑娘》，（1926，9 本）。編劇：程步高，導演、分幕：劉兆明，攝影師：李文光。主要演員：雷夏電、劉繼群、劉漢鈞、湯瑪麗、瞿綺綺。

《情天終補》，（1926，11 本）。導演：李澤源、劉兆明。主要演員：李曼麗、楊愛立。

《苦樂鴛鴦》，（1926，9 本）。編劇：招偉民，導演：李澤源、劉兆明，攝影師：
程沛霖。主要演員：楊愛立、雷夏電、劉漢鈞、劉繼群、翟綺綺、黃志懷。
《大鬧畫室》，（1927，1 本，動畫片）。編導兼攝影師：萬古蟾。
《一封書信寄回來》，（1927，1 本，動畫片）。編導：梅雪儔，攝影師：萬古蟾。
繪製：萬古蟾、萬滌寰。
《浪女窮途》，（1927，12 本）。編劇：董翰一，導演：劉兆明、梅雪儔，攝影
師：程沛霖、李文光。主要演員：楊愛立、劉漢鈞、雷夏電。
《一箭仇》，（1927，9 本）。編劇：陳趾青，導演：楊小仲，攝影師：程沛霖。
主要演員：顧夢鶴、劉漢鈞、雷夏電、劉繼群、楊愛立。
《石秀殺嫂》，（1927），一名：《翠屏山》。編劇：陳趾青，導演：楊小仲，陳
趾青，攝影師：程沛霖。主要演員：許靜珍、顧夢鶴、賀志剛。
《黃天霸》，（1927）。導演：雷夏電。主要演員：王桂林、韓玉卿、劉漢鈞、
劉繼群。
《武松血濺鴛鴦樓》，（1927）。編導：楊小仲，攝影師：李文光。主要演員：
顧無爲、洪警鈴、劉繼群、劉漢鈞、張春生。
《哪吒出世》，（1927，10 本）。編劇：孫師毅，導演：李澤源，攝影師：李文
光。主要演員：雷夏電、張哲德、劉繼群、劉漢鈞。
《火焰山》，（1928，10 本）。編導：楊小仲，攝影師：李文光。主要演員：楊
愛立、洪警鈴、王桂林、黃月如。
《大俠甘鳳池》，（1928）。編劇：陳趾青，導演：楊小仲，攝影師：程沛霖。
主要演員：楊愛立、劉漢鈞、洪警鈴、王桂林。
《眞假孫行者》，（1928）。編劇：張偉濤，導演：李澤源，攝影師：程沛霖。
主要演員：劉漢鈞、譚劍秋、劉繼群。
《妖光俠影》，（1928）。編導：楊小仲。主要演員：楊愛立、沈明華、洪警鈴。
《蜘蛛黨》，（1928）。編劇：孫瑜，導演：梅雪儔，攝影師：程沛霖。主要演
員：孫敏、洪警鈴。
《漁叉怪俠》，（1928）。編導：孫瑜，攝影師：李文光。主要演員：孫敏、嚴
月嫻、陸劍芬、賀志剛。
《聰明笨伯》，（1929）。編劇：黎錫勳，導演：梅雪儔，攝影師：梁林光。主
要演員：梁夢痕、黎錫勳、章志直、王桂林、孫敏。
《鳳陽老虎》，（1929）編劇：關立遠，導演：李澤源、關立遠，攝影師：李文
光。主要演員：梁夢痕、王桂林、周慧芳。
《兒子英雄》，（1929）。編劇：陳趾青，導演：楊小仲。主要演員：洪警鈴、
劉繼群、許靜珍。
《俠盜一枝梅》，（1929）。編導：陳趾青，攝影師：李文光。主要演員：賀志
剛、嚴月嫻、陸劍芬。
《風流督軍》，（1929）。編劇：徐莘園，導演：梅雪儔，攝影師：李文光。主
要演員：徐莘園、章志直、梁夢痕。
《大鬧攝影場》，（1929）。編劇：高威廉，導演：李澤源，攝影師：李文光。
主要演員：高威廉、章志直。
《江南女俠》，（1930）。編導：楊小仲，攝影師：李文光。主要演員：錢似鶯、
章志直。

張前兩年的所有影片，即：1924年的《棄婦》（根據侯曜同名舞臺劇改編；編劇、導演），1925年的《摘星之女》（編劇）、《愛神的玩偶》（導演）、《一串珍珠》（編劇）、《春閨夢裏人》（編劇），1926年的《偽君子》（編劇，導演）[32] P551。這個數字是「長城」出品全部影片的五分之一〔註4〕。隨後，侯曜離開「長城」，轉入同在上海的民新影片公司。有意思的是，「民新」的老闆黎民偉，同樣也是一位廣東老鄉（新惠），而且還是參加過「同盟會」的老同志；孫中山手書的著名條幅「天下為公」，就是當年專門表彰其攝影業績的[33]。

《海角詩人》截圖之十三、十四

　　侯曜改換門庭的原因，以往的電影史研究沒有交代，但卻不忘加上兩處惡評，說他在「長城」期間的作品，雖然「是從資產階級觀點出發……多少還有一定的現實意義」[34] P109，但自從到了「民新」後，就「表現了很大的倒退」[35] P92。現今的研究者沒有理會這種不著邊際的大話，而是直接引用侯曜自己的表白說明了原因：「因好友的介紹，見民新公司較能發展我的懷抱，就辭長城而到民新」[36]。還有研究者分析，一是「因為侯曜熱衷於社會問題而不是藝術敘事」，「不能得到群眾的熱烈歡迎」，二是「長城醞釀轉向才導致侯曜的離開」[37]。後一點不是新看法，因為它是以往電影史研究的定論：「長城」從1927年起，「終於也墮入了神怪武俠片的泥坑」[38] P96。負責任的研究者就此指出，武俠片的興起，外在的文化原因，「是明顯受到了美國電

〔註4〕但現在的研究者認為，前列30部影片（長故事片28部，卡通短片2部），並不是長城畫片公司的全部作品，它至少還應包括《國民革命之勝利》（8本，1927年）、《孫中山陵墓奠禮記》（1本）等重要的時事新聞紀錄片以及古裝片《嘉興八美圖》（又名（《八美圖》）、《三氣過其祖》（又名《冰玉姻緣》，時裝片《影中影》）等，還有一些影片如《一至於腳踢進去》、《小夥計》、《心痛》、《三日丈夫》、《荊天棘地》、《換巢鸞鳳》、《人工的黑夜》等等，都沒有被列入該公司的作品目錄之中[69]。

影（動作片）的影響」，而本土文化中「民國初期武俠小說風潮」是內在的文化因素[39]。

從現有的資料看，1926 年侯曜進入「民新」後，一共參與了 9 部電影的製作，依次是：《和平之神》（編導，1926）、《海角詩人》（編導，1927）、《復活的玫瑰》（編劇，與黎民偉聯合導演，1927）、《西廂記》（編導，1927）、《月老離婚》（編導，1927）、《木蘭從軍》（編導，1928）、《戰地情天》（編劇，1928）[40] P554~556。而「民新」從 1924 年成立到 1930 年初併入聯華影業公司，一共出品 22 部影片 [41] P554~556，侯曜一人即擔當了幾乎接近二分之一的出品任務，既可見其創作能力的旺盛，也可以窺見「民新」公司的大致路數。此後侯曜爲「聯華」貢獻的影片，有據可查的似乎只有由北平分廠出品的《故宮新怨》（編導，1932）[42] P246，P606。1933 年，侯曜轉赴香港[43]，從此與內地的中國電影歷史發展主流脫離干係。

《海角詩人》截圖之十五、十六

丙、《海角詩人》的舊市民電影文本特徵和知識分子的審美情趣

在我看來，從 1910 年代中國電影誕生到 1930 年代以左翼電影爲代表的新電影出現，這一階段的國產影片都可以視爲舊市民電影，或者說，1920 年代，中國國產電影唯一面貌就是舊市民電影。舊市民電影的主要特徵是，第一、主題以維護和肯定傳統文化和傳統倫理道德爲宗旨；1928 年之前，主要以家庭、婚姻、戀愛爲主要題材，1928 年興起的武俠電影熱潮，不過是舊市民電影傳統題材的擴充，主題思想並無本質變化；第二、舊市民電影所依託和取用的文化資源尤其是劇本資源，基本上是以「鴛鴦蝴蝶派」和「禮拜六派」爲代表的舊小說，而且其編導也幾乎被上述舊式文人所包攬；第三、即使像「長城」公司這樣具有留學生背景的新一代編導，他們的文化思想與文化理念，在新文學作家看來，還屬於舊文化、舊文藝的範疇，並且與新文學作品的思想相對立，抑

或說，新文學的文化觀念和文學理念，還沒有被當時的國產電影所吸收容納[44]。

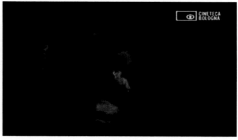

《海角詩人》截圖之十七、十八

　　因此，1930 年代新電影出現之前的「舊」電影，亦即舊市民電影，不過是「一種市民文藝，是一種都市娛樂」[45]。這又意味著，舊市民電影的觀眾主體主要由中下層市民構成，因爲更高雅、更受精英階層青睞的表演藝術是京劇[46]。以往和現在的中國電影史研究都承認，中國電影有新、舊之分發生於 1930 年代初期[47] P179 [48] P128 [49] P73，而新電影首先是出現於 1932 年的左翼電影，代表人物是孫瑜的《野玫瑰》[50] 和《火山情血》[51]；其次，是 1933 年出現的新市民電影，以鄭正秋的《姊妹花》[52]、蔡楚生的《漁光曲》爲代表[53]。侯曜編導的《海角詩人》出品於 1927 年，所以它只能屬於舊市民電影的序列和範疇。

　　迄今爲止，作爲早期中國電影史上一位重要的編導，現存的、公眾可以看到的、屬於侯曜名下的影片，以前只有 1925 年的《一串珍珠》〔註 5〕和 1927 年的《西廂記》〔註 6〕。應該說，這兩部影片很好地表現、詮釋了侯曜在「長城」和「民新」時期的思想理念與藝術風貌。現今秦喜清博士從意大利的一個博物館找到並翻拍回來的《海角詩人》殘片，片長雖然只有開始和結尾兩段，總共不到 20 分鐘的時長[54]，但還是可以看出全片的脈絡和體貌：男主人公視城市爲鍍金的墳墓，爲了追求心靈的自由便把自己放逐到孤島，鎮日飲酒作詩：

〔註 5〕《一串珍珠》（根據法國莫泊桑的小說《項鏈》改編，故事片，黑白，無聲），
　　　　長城畫片公司 1925 出品，時長 101 分鐘。編劇：侯曜；導演：李澤源；攝影：
　　　　程沛霖；主演：雷夏電、劉漢鈞、翟綺綺、馬如龍。對這部影片的具體討論，
　　　　請參見本書第二章：《外來文化資源被本土思想格式化的體現──〈一串珍珠〉
　　　　（1925 年）：舊市民電影及其個案讀解之二》。
〔註 6〕《西廂記》（殘片，故事片，黑白，無聲），民新影片公司 1927 年出品。VCD
　　　　（單碟），時長 43 分鐘。編導：侯曜，說明：濮舜卿；攝影：梁林光；主演：
　　　　葛次江、林楚楚、李旦旦。對這部影片的文本分析，請參見本書第三章：《傳
　　　　統性資源的影像開發和知識分子對舊市民電影情趣的分享──以民新影片公
　　　　司 1927 年出品的影片〈西廂記〉爲例》。

「我離開墮落的文明，迴向自然的懷抱；恢復內心的自由，拋卻一切的俗務」。
他拒絕了白富美的求愛，但愛的貧家女因爲拒絕惡霸被推入大海，詩人因此哭
瞎雙眼，準備投海殉情。守燈塔的老人救了他，他也見到了先前被老人搭救的
貧家女。此後他不僅眼睛重見光明，還就此和愛人幸福地生活在島上 [55] P110。

《海角詩人》截圖之十九、二十

　　稍加分析就會發現，《海角詩人》的主題思想和藝術表現形式，與現存《一
串珍珠》和《西廂記》一樣，依然屬於新電影出現之前的舊市民電影，只不
過，其中特別體現強調的知識分子審美情趣，帶有新知識分子的新式痕跡。
譬如詩人的不同流俗，一方面以絕對自我爲中心，同時，他的清高行爲又是
以世俗社會中獲得的世俗化成功爲基礎，即詩作大賣、享有盛名、廣受關注。
另一方面，兩個絕色女子對他癡情不改，但他之所以選擇貧家女，是因爲這
個女子能夠以死保全貞潔。

　　以往電影史研究對影片的全盤否定，是從意識形態的角度出發的：「在
1925 年～1927 年革命浪潮高漲澎湃的年代裏，《海角詩人》卻號召人們脫離
當時尖銳複雜的階級鬥爭，逃避到『海角』的『象牙之塔』中去尋找什麼『精
神的愛』，這種號召，當然是有利於反動統治階級的」[56] P110。如果說這是一
種主題思想評判標準，那麼，1920 年代所有的國產電影都適合。這就從一個
特定的角度證明了《海角詩人》的舊市民電影歸屬。

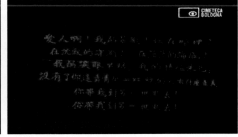

《海角詩人》截圖之二十一、二十二

其次，作爲高富帥的主人公之所以拒絕白富美，是因爲後者屬於來自城市的俗物，而同樣是絕色癡情女子，貧家女的不俗之處，則一是出身底層，二是能以死保全貞潔。因此，詩人與她重逢之際，他的重加光明就獲得了雙重意義上的新生，即精神上的和肉體上的。顯然，這是舊市民電影最典型的主題和題材，即郎才女貌、悲歡離合。作爲文本取用資源，任何一部鴛鴦蝴蝶派的小說都不乏此例。

正因爲如此，侯曜才會把莫泊桑原本表現深邃複雜人性的《項鏈》，改編成痛斥女人愛慕虛榮害死人的《一串珍珠》──這種觀念是新文學斷然不能接受的，但舊文學恰好熱衷此道〔註7〕──家庭如果有了問題和錯誤，一定是老婆的責任，孩子教育不好、家裏收拾不乾淨等等都是老婆的問題，我就負責不同流俗、指斥天下，因爲我是男的）。《海角詩人》再一次看到這種證明，男女主人公都主張愛情至上，並且爲此不惜以死抗爭。

舊市民電影《海角詩人》的特殊之處在於，編導表達的是新知識分子的審美情趣和價值取向，這是有社會原因的。民國時代知識分子的社會地位、經濟地位，決定了他們的強勢話語權力和心理價值優勢。因此，作爲詩人的主人公要獨居孤島、遠離鍍金的城市、城裏的俗人──有錢就更俗，長得漂亮也不行。詩人的這種對自我和他人的定位，甚至指向整個世俗人間。因此，拒絕白富美、堅持熱愛貧家女，是他不同流俗的審美追求和價值判斷的結果。侯曜於同年編導的《西廂記》〔註8〕，就再次證明了這一點。

源自古典文學的《西廂記》，無論是人物形象還是價值取向，顯然都不是勞動人民喜聞樂見的藝術作品，只有文人才能如此想像構建並一唱三歎：讀書時節，有一位大家閨秀自薦枕席，然後男人功成名就。──無論是金代董解元的《西廂記諸宮調》還是元朝王實甫的《西廂記》，幾百年來受到熱捧，其中一個重要原因，就是主人公與擊節欣賞的雙方都是識文斷字的男性，而中國迄今都是男權一統天下的社會。所以，《西廂記》一方面是千古豔遇文人

〔註7〕《一串珍珠》（根據法國莫泊桑的小說《項鏈》改編，故事片，黑白，無聲），長城畫片公司1925出品，時長101分鐘。編劇：侯曜；導演：李澤源；攝影：程沛霖；主演：雷夏電、劉漢鈞、翟綺綺、馬如龍。對這部影片的具體討論，請參見本書第二章：《外來文化資源被本土思想格式化的體現──〈一串珍珠〉》（1925年）：舊市民電影及其個案讀解之二》。

〔註8〕按照《中國電影發展史》以先後順序排定的「影片目錄」，侯曜編導了《和平之神》之後，編導《海角詩人》，然後是《復活的玫瑰》和《西廂記》，再後就是《月老離婚》〔70〕P554～555。

夢的集大成者；另一方面，侯曜編導的《西廂記》，是將當時知識分子的心理
優勢、價值優勢和性別優勢演繹到極致〔註9〕。

　　無論是哪個版本的《西廂記》，紅娘對崔鶯鶯和張生的情事都極盡熱心之能
事。一般人可能難解此中風情，然而專家學者已經考證出真相：紅娘膽敢背叛
老夫人、竭力攛掇張、崔二人成其好事，是因為根據金、元時代的風俗慣例，
她作為陪嫁婢女可以升格為妾[57]。因此《西廂記》又是知識分子對市民審美情
趣的一種分享。或者說，舊市民電影當中，一直有一個被很多人忽視的一個問
題。那就是作為低端藝術消費，舊市民電影同樣揉進了知識分子世俗化審美的
人文關懷。因為，在 1920 年代，中國文學的雅、俗分流已成互動的態勢[58] P337。

《海角詩人》截圖之二十三、二十四

丁、結語

　　重新考量早期中國電影歷史就會發現，舊市民電影並不是像以往電影史
研究定論的那樣一無是處。譬如把 1920 年代的古裝片定性為「有閒階級和落
後小市民害怕階級鬥爭，企圖逃避現實」[59] P90，把武俠神怪片歸之於反映「革
命失敗後生活在苦悶中的小市民（其中也包括當時同樣感到苦悶的某些華僑
觀眾）的心理狀態」[60] P135。道理現在誰都明白，對大多數人來說，庸俗本就
是生活的真相。當所謂的「雅」完全排斥「俗」的時候，可能迴避了生活本
來面目的同時，又轉為其對立面。

　　因此，舊市民電影與後來出現的新電影並無本質上的優劣之分。一個社
會的審美趨勢和潮流，往往是由精英階層所主導，但同時永遠存在著和主流
價值觀念保持一定距離的、所謂非主流價值觀。此乃多元社會與和諧社會。

〔註9〕與侯曜同屬新文學陣營的鄭振鐸評價說：「似這等曲折的戀愛故事，除《西廂
記》外，中國無第二部」[71] P207，郭沫若的評價再上層樓：「元代文學……總
要以《西廂》為最完美，最絕世了。《西廂》是超時空的藝術品，有永恒而且
普遍的生命」[72] P207~208。

侯曜的《海角詩人》歸之於舊市民電影，本身就是對其內在價值的尊重和審美取向的推崇。

以往的電影史研究在指斥侯曜從「第一部影片《棄婦》的不滿現實，到《海角詩人》的逃避現實」，是「一步步墮落下去的過程」之後，又認定他是「國家主義者」，1931年編劇的《韓光弟之死》，是「反蘇反共的反動」作品[61]P111。但劇本是何內容，是否投拍，的確如現今的研究者所言，均「語焉不詳」[62]。

但一查資料，個中原因立刻大白天下：韓光第（1895～1929），黑龍江省雙城縣人，1929年在奉系少將師長任上率部駐防東北滿洲里、札蘭諾爾一帶，守衛中東鐵路，以一旅之師抗擊數倍於己的入侵蘇聯軍隊，斃傷蘇軍四千人以上，我軍官兵「死傷十之八九」，韓光第亦為國捐軀，時年34歲；東北三省各地均為此「召開追悼公祭大會」，並「立碑以彰勳業」，南京民國政府撥專款為韓光第「修建陵園」，蔣介石、張學良分別為之題寫匾額曰：「為國捐軀」、「氣壯山河」[63]。侯曜歌頌本國英烈，彰民族之志氣，顯國家之意識，錯在哪裏？罪在何方？這是誰的國家主義者？又是怎樣的反動立場？

1933年，侯曜轉赴香港，這一年，只為振業影片公司導演了一部影片。而從1937年抗戰爆發到1940年他在新加坡被日軍殺害[64]，侯曜參與編、導、演，乃至監制的影片有21部之多[註10]。因此，綜其一生，侯曜的作品主要

〔註10〕彭耀春博士據香港電影館網《香港電影一覽1913～2003》查詢的數字，侯曜在1937至1940年，分別為「文化影業公司、南洋影片公司、天一影片公司、興華影片公司、金城影片公司、萬壽影片公司、福利影片公司、三寶影片公司導演、編劇、甚至出演，或者監製影片《珠江風月》、《沙漠之花》、《國內無戰事》、《太平洋上的風雲》、《紫霞杯》、《理想未婚妻》、《血肉長城》、《周氏反嫁》、《錯點鴛鴦》、《叱吒風雲》、《耶曼玲》、《粉妝樓》、《鍾天豔》、《姜太公》、《賣怪魚龜山起禍》、《孝子亂經堂》、《桂枝告狀》、《中國野人王》、《觀音得道》」，共計19部[73]。
再參證中國影視資料館（http://www.cnmdb.com/）提供的數據，茲將侯曜轉赴香港後參與的影片目錄，按時間順序、出品公司和擔任角色整理如下：
1933：《呆佬拜壽》，香港振業影片公司，導演。
1936年：《賣怪魚龜山起禍》，南洋影片公司，編劇，導演。
1937年：《國內無戰事》，現代影業公司，原著；《珠江風月》，文化影業公司，編劇，導演；《理想未婚妻》，文化影業公司，編劇；《血肉長城》，文化影業公司，編劇、導演、演員；《沙漠之花》，南星影片公司，編劇、導演。
1938年：《錯點鴛鴦》，興華公司，導演；《紫霞杯》，南洋影片公司，編劇、導演；《周氏反嫁》（又名《天奇告狀》），文化影業公司，導演；《粉妝樓》（又

是糾結於人生問題，而人生問題當中主要是關注婦女問題，現存的、公眾可以看到的三個電影（《一串珍珠》《海角詩人》《西廂記》）都可以說明這一點。這也印證了侯曜當年大學畢業後的志向：「因爲我承認影戲能宣傳文化，改善社會，比任何事業都來得重要」[65]。雖然，他同時代的批評家認爲他「不懂影戲」[66]，現在的研究者也冷靜指出，侯曜的努力結果並不理想：「甚至不是一個十分合格的電影作者」[67]。

《海角詩人》截圖之二十五、二十六

戊、多餘的話

子、知識分子與「逃避現實」

以往的電影史研究，曾經把侯曜創作《海角詩人》前後時期的作品內容，概括爲「表現了一個動搖軟弱的資產階級知識分子逃避現實的頹廢和墮落」[68]
P109。如果將上述文字中的形容詞譬如「動搖」、「軟弱」、「頹廢」和「墮落」去除，那麼，僅就「逃避現實」這一點而言，近 50 年前的評價並不過時。事實上，不論是舊市民電影的其他作品也好，還是《海角詩人》本身，都多少體現出逃避現實的一種傾向。

但問題是，這種逃避現實是編導和主人公的一種主動性選擇。1927 年的中國社會，正處於意識形態劃分中的「大革命時期」，國共分裂血拼，政局動

名《胡奎賣人頭》），金城影片公司，導演；《叱咤風雲》，天一影片公司（香港），編劇、導演；《太平洋上的風雲》，天一影片公司（香港），編劇、導演、演員；《柳曼玲》（即《耶曼玲》——袁慶豐注），南洋影片公司，編劇、導演；《最後關頭》，南洋影片公司（香港），編劇、導演。
1939 年：《孝子亂經堂》，南洋影片公司（香港），編劇、導演；《桂枝告狀》，南洋影片公司，編劇、導演；《姜太公》，福利影片公司，編劇、導演；《鍾無豔》（即《鍾天豔》——袁慶豐注），萬壽影片公司，編劇、導演。
1940 年：《中國野人王》，南洋影片公司，編劇、導演；《觀音得道》，三寶影片公司（香港），監制、演員。

蕩；而普通民眾，無論是編導還是人物，其行為意識上的規避是一種主動選擇，因此不應被賦予單向度的意識形態負面評價。何況從根本上說，舊市民電影的政治保守立場，本身就是一種政治姿態，其規避或曰「逃避」本身，就是一種積極的世俗社會態度和人生姿態。

《海角詩人》就是如此，它的「逃避現實」恰恰證明了影片的舊市民電影屬性，因為對於新的時代，舊市民電影的確刻意保持著意識形態層面及其審美上的差距，就是不想捲入意識形態的紛爭中去，否則的話那就是左翼電影或新市民電影了。最明顯也最通俗易懂的例證就是男主人公的名字，曰：「詩人賀一萍」。詩人，意味著他不同流俗，這個無可爭論；賀一萍，是「喝一瓶」的諧音，面對現實，除了時時狂飲爛醉如泥，詩人的確也無計可施。

丑、文人情趣與人書俱老

同一年拍攝的《海角詩人》和《西廂記》，都可以看作是中國文人的傳統文化情趣在早期電影當中強烈體現的例證，實際上它是舊市民電影文化精髓的一個重要組成部分，昭示著上層社會或曰精英階層的審美價值取向。即一方面以最世俗的影像形式體現傳統文化內涵，另一方面，又與大眾文化或世俗審美形成事實上的交流互滲，即實際操作層面的俗、雅互補趨勢。

指導大陸中國電影歷史研究幾十年、迄今仍然發生持續影響的《中國電影發展史》出版之時，正是我來到世間的那一年，而我看到侯曜《海角詩人》殘篇的時間是 2011 年——距影片問世 84 年矣——這是一個正劇還是一個喜劇？或者是荒誕劇？不好說〔註11〕。

《海角詩人》截圖之二十七、二十八

〔註11〕除了專業鏈接2：和專業鏈接3：，以及戊、多餘的話之外，本章的文字部分（約9000字）在收入本書之前，曾以《新知識分子的舊市民電影創作——新發現的侯曜〈海角詩人〉殘片讀解》為題，發表於《浙江傳媒學院學報》2012年第5期（杭州，雙月刊）。特此申明。

初稿時間：2011 年 7 月 7 日

初稿錄入：李橐雄

二稿時間：2012 年 1 月 13 日～3 月 3 日

三稿改定：2012 年 8 月 12 日～23 日

四稿修訂：2014 年 2 月 12 日

參考文獻

〔1〕程季華，中國電影發展史：第 1 卷〔M〕，北京：中國電影出版社，1963。

〔2〕程季華，中國電影發展史：第 1 卷〔M〕，北京：中國電影出版社，1963。

〔3〕程季華，中國電影發展史：第 1 卷〔M〕，北京：中國電影出版社，1963。

〔4〕酈蘇元，胡菊彬，中國無聲電影史〔M〕，北京：中國電影出版社，1996。

〔5〕李道新，中國電影文化史〔M〕，北京：北京大學出版社，2005。

〔6〕李少白，中國電影史〔M〕，北京：高等教育出版社，2006。

〔7〕秦喜清，歐美電影與中國早期電影 1920～1930〔M〕，北京：中國電影出版社，2008。

〔8〕秦喜清，導演侯曜的知識分子電影——從《海角詩人》的殘片說起〔J〕，當代電影，2011（4）：42～44。

〔9〕程季華，中國電影發展史：第 1 卷〔M〕，北京：中國電影出版社，1963。

〔10〕程季華，中國電影發展史：第 1 卷〔M〕，北京：中國電影出版社，1963。

〔11〕程季華，中國電影發展史：第 1 卷〔M〕，北京：中國電影出版社，1963。

〔12〕程季華，中國電影發展史：第 1 卷〔M〕，北京：中國電影出版社，1963。

〔13〕錢理群，溫儒敏，吳福輝，中國現代文學三十年（修訂本）〔M〕，北京大學出版社，1996。

〔14〕程季華，中國電影發展史：第 1 卷〔M〕，北京：中國電影出版社，1963。

〔15〕彭耀春，侯曜考據研究〔J〕，南京社會科學，2006（6）：109～114。

〔16〕百度百科，東南大學〔EB/OL〕，（2012-01-27）〔2012-01-29〕
http：//baike,baidu，com/view/3154，htm。

〔17〕百度百科，郭秉文〔EB/OL〕，（2010-05-30）〔2012-01-29〕
http：//baike,baidu，com/view/111203，htm。

〔18〕百度百科，陶行知〔EB/OL〕，（2012-01-07）〔2012-01-29〕
http：//baike,baidu，com/view/46132，htm。

〔19〕百度百科，陳鶴琴〔EB/OL〕，（2011-11-15）〔2012-01-29〕
http：//baike,baidu，com/view/111212，htm。

〔20〕百度百科，吳梅〔EB/OL〕，（2011-12-23）〔2012-01-29〕
http：//baike,baidu，com/view/2006，htm。

〔21〕百度百科，陳中凡〔EB/OL〕，（2010-12-25）〔2012-01-29〕
http：//baike,baidu，com/view/69244，htm。

〔22〕百度百科，梅光迪〔EB/OL〕，（2011-04-23）〔2012-01-29〕
http：//baike,baidu，com/view/69252，htm

〔23〕百度百科，宗白華〔EB/OL〕，（2011-06-03）〔2012-01-29〕
http：//baike,baidu，com/view/314069，htm。

〔24〕百度百科，方東美〔EB/OL〕，（2010-12-30）〔2012-01-29〕
http：//baike,baidu，com/view/924572，htm。

〔25〕百度百科，吳宓〔EB/OL〕，（2011-12-15）〔2012-01-29〕
http：//baike,baidu, com/view/2028, htm。

〔26〕百度百科，呂叔湘〔EB/OL〕，（2011-12-22）〔2012-01-29〕
http：//baike, baidu,com/view/13867, htm。

〔27〕程季華，中國電影發展史：第 1 卷〔M〕，北京：中國電影出版社，1963。

〔28〕錢理群，溫儒敏，吳福輝，中國現代文學三十年（修訂本）〔M〕，北京大學出版社，1996。

〔29〕錢理群，溫儒敏，吳福輝，中國現代文學三十年（修訂本）〔M〕，北京大學出版社，1996。

〔30〕錢理群，溫儒敏，吳福輝，中國現代文學三十年（修訂本）〔M〕，北京大學出版社，1996。

〔31〕程季華，中國電影發展史：第 1 卷〔M〕，北京：中國電影出版社，1963。

〔32〕程季華，中國電影發展史：第 1 卷〔M〕，北京：中國電影出版社，1963。

〔33〕《香港電影之父——黎民偉》，DVD，監製：蔡繼光、羅卡；資料、編劇：羅卡、吳月華；導演：蔡繼光。香港藝術發展局資助，（香港）龍光影業有限公司 2001 年出品。

〔34〕程季華，中國電影發展史：第 1 卷〔M〕，北京：中國電影出版社，1963。

〔35〕程季華，中國電影發展史：第 1 卷〔M〕，北京：中國電影出版社，1963。

〔36〕曹芻，復活的玫瑰・序〔M〕，上海商務印書館，1924 年//彭耀春，侯曜考據研究〔J〕，南京社會科學，2006（6）：109～114。

〔37〕陳墨，蕭知緯，跨海的「長城」：從建立到坍塌——長城畫片公司歷史初探〔J〕，當代電影，2004（3）//彭耀春，侯曜考據研究〔J〕，南京社會科學，2006（6）：109～114。

〔38〕程季華，中國電影發展史：第 1 卷〔M〕，北京：中國電影出版社，1963。

〔39〕陳墨，蕭知緯，跨海的「長城」：從建立到坍塌——長城畫片公司歷史初探〔J〕，當代電影，2004（3）36～44。

〔40〕程季華，中國電影發展史：第 1 卷〔M〕，北京：中國電影出版社，1963。

〔41〕程季華，中國電影發展史：第 1 卷〔M〕，北京：中國電影出版社，1963。

〔42〕程季華，中國電影發展史：第 1 卷〔M〕，北京：中國電影出版社，1963。

〔43〕陳正茂，遭日軍殺害的戲劇家侯曜〔J〕，書屋，2011（10）：19～22。

〔44〕袁慶豐，1922～1936 年中國國產電影之流變——以現存的、公眾可以看到的文本作爲實證支撐〔J〕，學術界，2009（5）：245～253。

〔45〕范伯群，「電戲」的最初輸入與中國早期影壇——爲中國電影百年紀念而作〔J〕，江蘇大學學報，2005（5）：1～7。

〔46〕袁慶豐，中國現代文學和早期中國電影的文化關聯——以 1922～1936 年國產電影爲例〔J〕，中國現代文學研究叢刊，2010（4）：13～26。

〔47〕程季華，中國電影發展史：第 1 卷〔M〕，北京：中國電影出版社，1963。

〔48〕李道新，中國電影文化史〔M〕，北京：北京大學出版社，2005。

〔49〕李少白，中國電影史〔M〕，北京：高等教育出版社，2006。

〔50〕袁慶豐，《野玫瑰》：從舊市民電影向左翼電影的過渡——現存中國早期左翼電影樣本讀解之一〔M〕//文學評論叢刊（第 11 卷第 1 期），南京：南京大學出版社，2008：214～220。

〔51〕袁慶豐，中國早期左翼電影暴力基因的植入及其歷史傳遞——以孫瑜1932年編導的《火山情血》爲例〔J〕，河北師範大學學報，2009（5）：59～62。

〔52〕袁慶豐，雅、俗文化互滲背景下的《姊妹花》〔J〕，當代電影，2008（5）：88～90。

〔53〕袁慶豐，1933～1935年：從左翼電影到新市民電影——用5部影片單線試論證中國國產電影之演變軌迹（上）〔J〕，浙江傳媒學院學報，2009（5）：37～43。

〔54〕秦喜清，導演侯曜的知識分子電影——從《海角詩人》的殘片説起〔J〕，當代電影，2011（4）：42～44。

〔55〕程季華，中國電影發展史：第1卷〔M〕，北京：中國電影出版社，1963。

〔56〕程季華，中國電影發展史：第1卷〔M〕，北京：中國電影出版社，1963。

〔57〕安迪，「滿地花，拖地錦」〔N〕，作家文摘，2007～1～19（11）。

〔58〕錢理群，溫儒敏，吳福輝，中國現代文學三十年（修訂本）〔M〕，北京大學出版社，1996。

〔59〕程季華，中國電影發展史：第1卷〔M〕，北京：中國電影出版社，1963。

〔60〕程季華，中國電影發展史：第1卷〔M〕，北京：中國電影出版社，1963。

〔61〕程季華，中國電影發展史：第1卷〔M〕，北京：中國電影出版社，1963。

〔62〕彭耀春，侯曜考據研究〔J〕，南京社會科學，2006（6）：109～114。

〔63〕西部數碼 http：//www, west263, com/info/html/wangzhanyunying/jianzhanjingyan/20080417/70468, html〔2012～02～29〕。

〔64〕彭耀春，侯曜考據研究〔J〕，南京社會科學，2006（6）：109～114。

〔65〕彭耀春，侯曜考據研究〔J〕，南京社會科學，2006（6）：109～114。

〔66〕懷麟，國產影片爲什麽老是沒有進步？〔J〕，銀星，1927（14）//中國無聲電影〔M〕，1021//陳墨，蕭知緯，跨海的「長城」：從建立到坍塌——長城畫片公司歷史初探〔J〕，當代電影，2004（3）36～44。

〔67〕陳墨，蕭知緯，跨海的「長城」：從建立到坍塌——長城畫片公司歷史初探〔J〕，當代電影，2004（3）36～44。

〔68〕程季華，中國電影發展史：第1卷〔M〕，北京：中國電影出版社，1963。

〔69〕陳墨，蕭知緯，跨海的「長城」：從建立到坍塌——長城畫片公司歷
　　　史初探〔J〕，當代電影，2004（3）//彭耀春，侯曜考據研究〔J〕，南
　　　京社會科學，2006（6）：109～114。

〔70〕程季華，中國電影發展史：第 1 卷〔M〕，北京：中國電影出版社，
　　　1963。

〔71〕李修生，中國文學史綱要（三）宋元遼金文學（修訂本）〔M〕，北京
　　　大學出版社，1998。

〔72〕李修生，中國文學史綱要（三）宋元遼金文學（修訂本）〔M〕，北京
　　　大學出版社，1998。

〔73〕彭耀春，侯曜考據研究〔J〕，南京社會科學，2006（6）：109～114。

第肆章　傳統性資源的影像開發和知識分子對舊市民電影情趣的分享——《西廂記》(1927 年)：民新影片公司的經典貢獻

閱讀指要：

　　對優質性資源的爭奪有其特殊的地方：擁有者和搶掠者的對決才能使資源的價值得到溢價體現。這本是元雜劇《西廂記》隱含的系統文件信息，歷代各種版本演義的《西廂記》沒能將其完整解讀出來，但侯曜為黎民偉的「民新」公司拍攝的電影《西廂記》檢索到了它，而且把它還原成精彩的三維圖像提供給觀眾付費下載。

關鍵詞：舊市民電影；黎民偉；「民新」公司；傳統；性資源；

《西廂記》截圖之一、二

專業鏈接 1：《西廂記》（殘片，故事片，黑白，無聲），民新影片公司 1927 年
出品。現存 VCD 視頻（單碟，殘篇）時長：時長 43 分鐘。

　　》》》**編導**：侯曜；**說明**：濮舜卿；**攝影**：梁林光。

　　》》》**主演**：葛次江（飾演張生）、林楚楚（飾演崔鶯鶯）、李旦旦
（飾演紅娘）。

　　說明：《西廂記》沒有片頭的演職員表，演員及其飾演人物的姓名均
在人物第一次出場時出現，故以上信息根據影片與相關資料
補注。

專業鏈接 2：影片片頭、片中依次出現的人物及演員姓名字幕

　　上海民新影片股份有限公司　西廂記

　　TSUI YING YING. e du Premier Ministre défunt,rose fragile de printemps.

　　崔鶯鶯已故相國之女　LIM CHO CHO

　　HUNG NIANG. Servante de Ying Ying.

　　紅娘，鶯鶯的傭人　LEE DAN DAN

　　Madame TSUI. mère de Ying Ying

　　崔夫人，鶯鶯的媽媽　M.C.NOO

　　et son jeune fils.

　　和他的小兒子

　　CHANG KUNG. brillant étudiant, se rendant a la capitale pour l examen impérial.

　　張生，一個聰明的學生正在進京趕考　T.K.KAR

　　e Grand-Prêtre FA PEN.

　　老和尚法　TSOA YAO DEIN

　　SUN FEI FU.

la terreur de la région.

賊人孫飛虎　LEE WHA MING

WEI HING. LU YING LANG

【魏明】

TU CHEN. e Général au cheval blanc.

涂晨：馬將軍　WOO TS TSIANG

專業鏈接 3：影片鏡頭統計

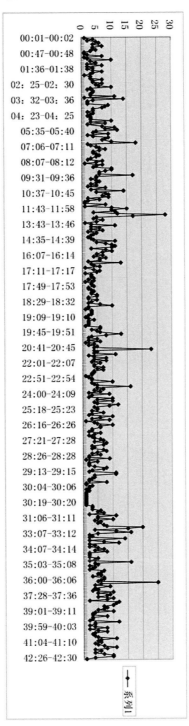

說明：《西廂記》殘片時長 42 分 31 秒，共 482 個鏡頭。其中：

甲、小於和等於 5 秒的鏡頭 310 個，大於 5 秒、小於和等於 10 秒的鏡頭 134 個，大於 10 秒、小於和等於 15 秒的鏡頭 27 個，大於 15 秒、小於和等於 20 秒的鏡頭 7 個，大於 20 秒、小於和等於 25 秒的鏡頭 2 個，大於 25 秒、小於和等於 30 秒的鏡頭 1 個，大於 30 秒的鏡頭 0 個。

乙、片名鏡頭 1 個，字幕鏡頭 39 個，其中交代劇情的鏡頭 9 個，交代人物鏡頭 6 個，對話鏡頭 24 個。

丙、固定鏡頭 422 個；運動鏡頭 20 個。

丁、遠景鏡頭 72 個，全景鏡頭 112 個，中景鏡頭 60 個，中近景鏡頭 23 個，近景鏡頭 130 個，特寫鏡頭 45 個。

（數據統計與圖表製作：李棗雄）

專業鏈接 4：影片觀賞推薦指數：★★★☆☆

《西廂記》截圖之三、四

甲、前面的話

中國電影的誕生和早期的成長，一方面與本土傳統的戲劇戲曲有著天然的血緣關係，另一方面，外國電影的滋潤和養成也是一個絕對不可或缺的因素，而這種不可或缺，有賴於香港這個在政治、經濟和文化上的中轉和加工地的特殊貢獻。

現在一般認為，電影的誕生是從 1895 年 12 月 28 日算起的，那一天，法國的盧米埃爾在巴黎卡普辛路 14 號大咖啡館的印度沙龍裏，正式放映了《工廠大門》、《嬰兒的午餐》、《牆》、《水澆園丁》等影片 [1] P6。但這只是一個標誌性的時間和事件，因為它具備了現代意義上的電影放映方式、文化消費理念和規模型經營模式。

雖然現在不能肯定，包括上述那些外國影片到底有多少在當年進入中國，但能肯定的是，外國影片最早是經香港進入中國，再至上海進入中國內地的 [2] P2；還可以肯定的是，中國人多少看到了上述外國電影，而這個時間

不會晚於 1896 年──也就是說，在電影被公認是在 1895 年出現以後的第二年，中國人就看到了電影。比較傳統的看法認為，10 年之後的 1905 年，以北京豐泰照相館老闆任慶泰拍攝京劇《定軍山》片段為標誌，中國第一部電影誕生 [3] P14。除了在中國放映外國影片之外，外國人還在中國經營電影製作和放映事業，「因此，最早以中國生活為題材的影片，並不是由中國人拍攝、首先在中國放映的，而是由外國人拍攝、在外國放映的」[4] P9。

　　這些西方人更和中國人一同從事這一行業。1909 年，美國人賓傑門·布拉斯基（Benjamin Brasky）投資成立亞細亞影戲公司，在上海和香港攝製電影。1912 年，接手亞細亞影戲公司的依什爾和薩弗聘請當時在上海的美化洋行廣告部的買辦張石川為顧問；雖然作為顧問的張石川自稱「連電影也沒看過幾張」[5] P16，但張顯然是個偉大而有趣的人，他找來另一個和他有同樣品味的、一個叫鄭正秋的戲迷和戲劇評論家以及一批戲劇名伶，組織了新民公司，由亞細亞影戲公司負責投資和發行，承包了的編、導、演和攝製的全部工作 [6] P17。1913 年，他們拍攝了由鄭正秋編劇、鄭正秋和張石川聯合導演的《難夫難妻》，這是中國電影史上的第一部電影短片 [7] P16~17。10 年之後的 1922 年，鄭正秋和張石川又再度聯手，發起組織了明星影片股份有限公司，編導了大批量的影片，成為中國早期電影歷史上第一代導演的傑出代表人物。

《西廂記》截圖之五、六

乙、偉大的中國電影先驅之一黎民偉和《西廂記》的出品方──民新影片公司

　　任何一部藝術史都是由無數有趣的人合力創造的。在中國電影史上，香港的黎民偉就是一個有趣的、同時也是一個創造歷史的人，也是中國第一代導演的傑出代表之一。

　　黎民偉（1893～1953），祖籍廣東新會縣，出生於日本的橫濱，後移居香港。他念小學時候就酷愛攝影（照相）——考慮到當時的年代，他的這種愛好類似於現在的少年骨灰級的網絡元老——後來他組織了一個表演文明戲的「人我鏡劇社」。

　　就在鄭正秋和張石川拍攝《難夫難妻》的 1913 年，黎民偉也開始投身電影短片製作。那一年，黎民偉結識了由上海路經香港返回美國的布拉斯基，雙方達成合作協議：布拉斯基提供的資金和設備，利用黎民偉「人我鏡劇社」布景和演員、以華美影片公司的名義製片並發行電影，第一部作品是根據古典傳統戲劇改編的《莊子試妻》[8] P28。黎民偉的《莊子試妻》為中國電影歷史提供了幾項第一：黎民偉夫妻聯手出演只有兩個角色的電影；他以編劇身份反串女主角；他的太太嚴姍姍是中國電影史上的第一位女演員；《莊子試妻》既是本地人士出品的第一部香港電影，也是首部在國外放映的中國國產影片[9] P29。

《西廂記》截圖之七、八

　　在創造了諸多中國電影第一的記錄後，黎民偉便一直追隨孫中山拍攝了大量照片和新聞記錄片直到 1925 年孫中山去世，人們熟知的「天下為公」四字名言，雖然至今刻在在南京中山陵的牌樓上，但許多人並不知道，這其實是最初孫中山為表彰黎民偉的電影事業題寫的；實際上，孫中山還專門為支持他拍片頒佈過「大總統手令」〔註 1〕。

　　在此期間的 1921 年，黎民偉和他的堂兄弟黎海山、黎北海在香港經營影院；1923 年黎氏兄弟成立民新製造影畫片有限公司，拍攝了許多以香港為

〔註 1〕 參見《香港電影之父——黎民偉》，記錄片，彩色，DVD，時長 145 分鐘。香港藝術發展局資助，（香港）龍光影業有限公司 2001 年出品。監製：蔡繼光、羅卡；資料、編劇：羅卡、吳月華；攝影：黎錫；旁白：蔡繼光；製作：鄭子宏、鄧俊歐；剪接：蔡繼光、周顯揚、李樹彥；原作音樂：羅永暉；琵琶演奏：王靜；導演：蔡繼光。

背景的記錄片；1924 年黎民偉到北京，爲著名京劇演員梅蘭芳拍攝了一些代表劇目的片段；同年年底，他把中國古典小說《聊齋誌異》中的《胭脂》改編爲同名時裝片，自己出演男主角，女主角則由他第二位太太林楚楚扮演，黎海山任編劇和導演；1925 年，黎民偉終止在香港和廣州的影院和拍攝業務，在上海成立民新影片公司並成立民新影戲學校，專事影片製作、洗印和放映[10] P103~105，開始了他和「民新」同人 1920 年代後半期在上海電影業中志存高遠的搏擊。

　　從 1924 年至 1929 年底，黎民偉的「民新」公司一共出品了 19 部作品，除《飛行鞋》（1928）是童話幻仙片外，有 10 個影片屬於傳統題材、或者直接改編自古典小說和傳統劇目的古裝片或武俠片：即 1924 年爲梅蘭芳拍攝的戲曲片段集錦（《西施》中的「羽舞」、《霸王別姬》中的「劍舞」、《上元夫人》中的「拂塵舞」和《木蘭從軍》中的「走邊」）[11] P104；1925 年的《胭脂》；1927 年的《西廂記》、《月老離婚》、《綠林紅粉》；1928 年的《觀音得道》、《五女復仇》、《再世姻緣》、《木蘭從軍》和 1929 年的《風流劍客》。其餘的 8 部影片，則全部都屬於戀愛婚姻題材或曰情感戲：即 1926 年的《玉潔冰清》、《三年以後》、《和平之神》，1927 年的《天涯歌女》、《海角詩人》、《復活的玫瑰》，1928 年的《戰地情天》和 1929 年的《熱血男兒》〔註2〕。

《西廂記》截圖之九、十

　　換言之，這個時期黎民偉的影片製作，古典題材和傳統劇目的翻拍與現代情感題材幾乎是各占一半。這樣的主題、題材的選擇，一方面是黎民偉的價值取向所決定，也就是試圖在傳統文化的框架內，利用電影特殊的表現手段詮釋和強調當下語境中的歷史價值和道德準則。這首先和黎民偉的文化背

〔註2〕這些片目詳見程季華主編的《中國電影發展史》第 1 卷（中國電影出版社 1963
　　　年）第 554~556 頁。除了《西廂記》（殘篇），現今只有《海角詩人》（殘篇）
　　　存世，（對《海角詩人》的具體分析，請參閱本書前一章的內容）。

景有關──他出生於日本、成長於香港、創作於上海；所以「民新」公司在
上海成立之初確立的製片宗旨就是「務求其純正、務求其優美」，將中國固有
的「超邁之思想、純潔之道德、敦厚之風俗」介紹給歐美[12] P105。

　　實際上，黎民偉主持的「民新」公司確是實踐了他的宣言，並且他的這
種努力和價值取向也體現在 1930 年代他率領「民新」公司加入聯華影業公司
以後的攝製和創作當中。如果把眼光再放遠一點，就會發現黎民偉的製片宗
旨和價值取向，一直貫穿和體現在 1940 年代後半期、直至 1949 年後在香港
的電影活動當中──即使是從今天的香港電影，人們也依然可以清晰地辨認
出其深刻的歷史痕迹。

　　但是從時代的角度來看，黎民偉的種種努力和創作實踐，恰恰處於中國
電影的舊市民電影處於衰落、左翼電影和新市民電影還沒有成長起來的一個
空間。換言之，黎民偉的努力和製作是 1920 年代舊市民電影趨於鼎盛、進
而走向衰落的一個見證。事實上，從 1928 年明星影片公司拍攝《火燒紅蓮
寺》第一集爲標誌，作爲舊市民電影的代表之一的古裝武俠神怪電影製作達
到一個高潮。而黎民偉的「民新」公司和其他許多電影公司一樣，也被裹挾
進這個浪潮當中，並且隨著古裝片和武俠電影的沒落而陷於困境。當然就「民
新」公司而言，其困境是從 1927 年投入鉅資拍攝場面浩大的《西廂記》開
始的。

《西廂記》截圖之十一、十二

　　《西廂記》全部是實景拍攝，光是所動用的軍隊就超過 5000 人；緊接著
1928 年，「民新」公司耗費兩年時間投拍《木蘭從軍》，其拍攝場面和製作費
用比《西廂記》有過之無不及，調動的群眾演員還包括軍方一個騎兵團和三
個步兵營，光是「木蘭劫營」一場戲就搭了 130 個帳篷；但在片子尚未完成
之時，另一家老牌電影公司天一影片公司用了半個月時間搭了一個內景，也
拍了一個《花木蘭從軍》並搶先上映，使「民新」公司的《木蘭從軍》的票

房大受打擊；到 1929 年，據黎民偉自己在《歷史失敗的教訓》一文中披露，他一共虧損個人財產 40 萬，相當於現在的一億多元〔註3〕。在武俠電影熱潮達到頂峰之時，跟風製作必然是強弩之末。

黎民偉和「民新」公司的衰敗，應該和他的家族企業的管理和製片體制無關。除了他自己充任製片人之外，他的兩位夫人以及六子黎鏗也是公司的一線頭牌演員；「民新」公司的另一個當家主角李旦旦則是他的合夥人李應生的女兒。但顯然，檢討「民新」公司在這一時期的努力，除了可以勉強說黎民偉的藝術追求和道德趣味與時代脫節以外，從純粹技術手段上來說，「民新」公司的商業領域的失敗，恐怕還在於它的優勢是在製作、而弱於發行。也就是出於這種考慮，1930 年，他和控制著當是中國北方院線的羅明祐及其他兩家製片公司合作，成立了聯華影業公司，在 1930 年代另譜新曲、再展宏圖，終於趕上了左翼電影和新市民電影的時代快車。

《西廂記》截圖之十三、十四

丙、《西廂記》：古典愛情和傳統性資源的當下開發及其影像重現

黎民偉在 1927 年傾其全力打造的《西廂記》，在當時和現在、從內容和形式，都是傳統戲劇戲曲的電子影像版。電影《西廂記》彌補了中國古典文學邊緣主題的傳統性和歷史性不足：性資源的缺乏、爭奪及其表述上的困惑和障礙。

回顧中國古典文學，有一個很清晰的脈絡需要注意：在先秦時期，中原漢民族在它的文學作品中、在涉及到人類的基本感情——愛情時，既有大度

〔註 3〕參見《香港電影之父——黎民偉》，紀錄片，彩色，DVD，時長 145 分鐘。香港藝術發展局資助，（香港）龍光影業有限公司 2001 年出品。監製：蔡繼光、羅卡；資料、編劇：羅卡、吳月華；攝影：黎錫；旁白：蔡繼光；製作：鄭子宏、鄧俊歐；剪接：蔡繼光、周顯揚、李樹彥；原作音樂：羅永暉；琵琶演奏：王靜；導演：蔡繼光。

也有風度。譬如《詩經》中的愛情詩篇，男女相悅，直率健康，歌唱者保持了一顆赤子之心；到兩漢、魏晉時代，人性化的心智結構和審美趣味尙且依稀可辯，在漢代即便是公主改嫁也是稀鬆平常的事[13] P94，說明當時人們在性觀念上是健康和開放的。換言之，唐、宋以前的文學作品中幾乎不存在性資源缺乏及其表述上的困惑和障礙。

自唐代以降，男女之間的交往，以及文學作品中的女性視角都受到了極大的限制，才產生了表述障礙。到了宋代，更將男女兩性從居住環境上就嚴格區分開來（「大門不出，二門不邁」；《女兒經》），兩性的日常接觸受到限制（「男女授受不親」，《孟子·離婁上》），對女性身體束縛有了更嚴格的標準和要求。因此，在文學作品中寫到女性的出現本身就成了亮點，譬如在宋詞中，對異性的香軟豔麗的描述和表達成爲興奮點。但是物極必反，這就是爲什麼以《金瓶梅》爲代表的傑出色情藝術作品出現在明、清兩代的原因。

《西廂記》截圖之十五、十六

這種困惑和障礙一直持續到20世紀初期——對它的突破也就是新文學的亮點，譬如郁達夫（1896～1945）以《沉淪》（1921）爲代表的小說，就充斥著大膽暴露和露骨描寫的革命性細節描寫。從這個角度看，《西廂記》完全可以視爲對性表述和性審美的一種影像化的體現，一種借助電影的特殊手段、在市民文藝框架內對性表述困惑和障礙的突破。

按照以前傳統的說法，元代雜劇《西廂記》具有非常強烈的反封建性，表現了男女主人公大膽衝破封建束縛、勇敢追求愛情等等進步因素。這個從特定的政治學角度，尤其就1949年以後中國大陸社會的文化背景和話語系統而言是不無道理的。但是在我看來，無論是戲劇還是電影，對《西廂記》更重要、更根本、更直接、更合理的原因和解釋是，男女主人公所處的空間環境的改變，導致了其主觀情感的變化及其大膽釋放（「放電」）。

《西廂記》截圖之十七、十八

　　這裡所說的空間環境表現在人際關係上，實際上是一種倫理關係，它是束縛性的、制約性的。就《西廂記》而言，如果崔鶯鶯和張生是本鄉本土的鄰里關係，或者說是有一個限定居所的人際關係，例如一個在崔家村、一個在張家莊，他們一見鍾情的環境上的陌生感和新鮮感程度上是不高的，而在寺廟裏就不同了。因為寺廟對男女主人公雙方而言，是外在的、陌生的、不固定的，這不固定尤其能夠引發男女雙方不固定的情感產生。而這種情感的興奮點無疑是很高的。一個人在村裏可能一生都不會偷別人一根蔥——也有偷的，但大多數為什麼不偷呢？原因就在於人際關係和倫理成本太高。

　　換言之，環境對人的制約是雙重的，一是空間的，二是倫理的。崔、張二人要是在固定的、封閉的、具有雙重制約特性的環境中相遇，乃至一見鍾情，也並非沒有可能，但決不會有當眾調情、半夜爬牆乃至非法同居之舉，因為成本太高，完全有可能毀了雙方、尤其是主動肇事者的一生。但在廟裏就不同了。不同在哪裏？一個是成本相對很低，風險小，可操作空間廣大；第二個，就是性信息的獲取、表述和傳遞幾乎不存在困惑和障礙。

《西廂記》截圖之十九、二十

　　在中國古典文學作品中，寺廟與色情奇妙地結合在一起，而且成了一種普遍的模式，譬如在明代著名的小說集「三言」（馮夢龍著）和「二拍」（凌濛初著）中，大多數婚外戀和情色乃至性犯罪事件發生在寺廟；曹雪芹的《紅樓夢》中，賈寶玉夢見王熙鳳也是在廟裏。原因就在於空間環境的改變導致不固定的情感產生，倫理約束力與威懾性大幅度降低、甚至消失。一個在村裏不偷一棵蔥的人，到了城裏可能把見到的所有的蔥都偷掉，因為沒人認識他，他的名譽及實際損失都是相對暫時和如此低廉，道德成本和倫理風險極低。

《西廂記》截圖之二十一、二十二

　　寺廟在傳統社會中，是和集市一樣具備強大人際交流功能的集散場所，並且受到法律上、風俗上和人情上的認可和鼓勵。因此，它為崔、張這樣心懷不軌的陌生男女提供了一個極好的摩擦出火花的場所。至於宗教意義上的內在影響，對於各種宗教都雜存一體、各取所需慣了的中國人而言倒是微乎其微。因此，另一方面，《西廂記》又為性資源缺乏而形成的爭奪提供了一個市民文化最喜聞樂見的審美場合和角度。

　　作為性資源衝突和爭奪的一方，孫飛虎這個人物一方面與張生構成戲劇衝突中的正、反面形象，符合中國戲劇（曲）故事傳統敘事邏輯；另一方面，作為反面角色，孫飛虎最終要失敗的命運，與其說符合編導敘事的需要，不如說要符合觀眾的道德需求——好人一定要戰勝壞人、郎才要配女貌（「書中自有顏如玉」啊）。《西廂記》中孫飛虎最具毒性的硬件是他手中掌控的軍隊，他調動軍隊和他的士兵熱衷於搶劫女主人公崔鶯鶯的興奮點，就在於對性資源的爭奪，對物質財富的搶掠倒在其次〔註4〕。

〔註4〕現代作家郁達夫（1896～1945）在1923年寫過一篇著名散文《還鄉記》，說在火車站看見時髦漂亮的女學生，自己想幫人家拎提包卻遭到拒絕，倒是拉黃包車的車夫搶得這單生意後興高采烈、吼聲不斷。郁達夫評論說，車夫並不是因為拉了一個顧客而高興，而是因為爭得了一個和年輕女性接觸的機會；他說他也想有這樣的機會，專拉如花少女，而且還免費。

《西廂記》截圖之二十三、二十四

　　相形之下，作爲正面人物的張生，形象俊美、飽讀詩書、進京趕考、前程遠大，但這些完備的軟體配置卻不足以抵擋孫飛虎即時即用的硬體接觸。所以，衝突的最後解決還有賴於張生去找同學調撥大兵來救局，同時張生藉此機會和崔鶯鶯的監護人崔老太太簽下不平等條約：讓別人打跑孫飛虎，你就讓俺娶娘子。一時間，號稱清淨之地的和尚之家，被男女老少、文的武的，弄得來風生水起。無論戲劇還是電影，如此這般的話，《西廂記》端得好看。

　　這其實一直是元雜劇《西廂記》的系統性缺陷：張生的所作所爲，既有婚前非法同居的無禮之舉、又有趁人之危的不道德嫌疑。當然，崔老太太也有你考不取功名就別想娶俺閨女的備份文件和消磁設置；當然，老太太不知道的是她的社保基金和養老保障崔鶯鶯已被套牢，要想解套只能期望張生迅速成長爲一隻績優股；再當然，電影要是簡單搬演原著也就沒甚好看、更沒甚好說的了。

　　編導侯曜不愧是 1920 年代的大牌導演，他加拍了超過 10 分鐘的夢境片段，讓張生騎著一支巨大的、既能飛行又能打仗的毛筆，先是追上搶走鶯鶯的孫飛虎，然後又拿起筆來做刀槍，硬紮紮要了對方性命：傳統的文化工具，在此演變爲強勢男性生理上的高端配置。這才是電影《西廂記》的高潮之處——誰能看不出，張生跨下那支筆，不過是男性性器官的象徵？〔註 5〕

丁、結語

　　對資源的爭奪必然導致戰爭，而戰爭就是「大規模的打群架」。但性資源的爭奪又有其特殊的地方：擁有者和搶掠者的對決，才能使資源的價值得到溢價體現。又當然，性資源爭奪和最終佔有是要有資本的，而那個有兵、居然又肯

〔註 5〕最後這句話，在收入《黑白膠片的文化時態——1922～1936 年中國早期電影現存文本讀解》（上海三聯書店 2009 年 10 月第 1 版）一書時被刪掉。

出兵相助的朋友就是張生的資本——張生為此付出的成本就是寒窗苦讀。這本是元雜劇《西廂記》隱含的系統文件信息，歷代各種版本演義的《西廂記》沒能將其完整解讀出來，但大導演侯曜為黎民偉的「民新」公司拍的電影《西廂記》檢索到了它，而且把它還原成黑白二維圖像提供給觀眾付費下載。

《西廂記》截圖之二十五、二十六

因此，即使從現代製作的角度來看，1927年的《西廂記》也有許多值得稱道之處。編導的鏡頭剪輯，已經是刀法利落，不拖泥帶水。此外，侯曜在情感和人物的刻畫上極為細膩，我指的是他以藝術家的敏感、追求工筆畫一樣的細膩表現，譬如男女主人公一見鍾情那場戲，張、崔二人相互「對眼」，眉目傳情，不遺餘力，的確傳達了愛情到來時電閃雷鳴的炫覺。

然而，「一支筆兩頁紙，顛倒乾坤任我行」，無論是元雜劇還是電子版的黑白影片《西廂記》，其主題應該是傳統文人對獨佔優質性資源的夢幻式描述、對自身實際能力的誇張想像。市井小民未必都喜歡《西廂記》，但知識分子肯定喜歡這類作品。在這個意義上，與其說電影《西廂記》是個案重演，不如說是傳統文人千百年來意淫之夢的銀幕版。在這個意義上，《西廂記》是民新影片公司舊市民電影製作、尤其是翻拍傳統劇目現存可見的顛峰之作和最後輝煌的見證。

戊、多餘的話

子、我一直認為，紅娘才是《西廂記》中真正的可人，因為始終真正和張生大談戀愛是她而不是崔小姐（崔是做而不說）。更因為，戀愛中的男女雙方，打情罵俏（信息溝通與信息共享）才是重頭戲。《西廂記》的魅力之一與其說是張、崔之間的愛情結局，不如說是紅娘對男人的拿捏、掌控能力，以及張生包括觀眾在此情景下身心俱佳的鬆弛感。

其實據吳曉鈴先生考證，紅娘膽敢背叛老夫人、竭力攛掇張、崔二人的

好事，是因爲根據舊例，她作爲陪嫁婢女可以升格爲妾。所以當張生對紅娘說「小生不敢有忘」時，紅娘直截了當回答：「不圖你甚麼白璧黃金，只要你滿地花，拖地錦。」而這裡所謂「滿地花，拖地錦」，恰是金、元時代的結婚禮服；關漢卿《詐妮子調風月》中的丫鬟燕燕，以及李漁《十二樓》中的能紅都是紅娘一類的熱心人[14]。

《西廂記》截圖之二十七、二十八

因此，表面上看起來，是準房東崔鶯鶯和房客張生贏得了一紙婚約大單，其實是中介紅娘中飽私囊。成爲事實上的免費樓盤股東。

丑、電影《西廂記》裏演員使用的道具，不知是否復原了古代婦女裝飾的原貌，鶯鶯姐姐的頭飾現在看上去還是很性感的——當然，這還要看被裝飾的個體主體是否正點〔註6〕。

《西廂記》截圖之二十九、三十

〔註6〕本章約7200字左右的內容，曾以《傳統性資源的影像開發和知識分子對舊市民電影情趣的分享——以民新影片公司1927年出品的影片〈西廂記〉爲例》爲題，發表於《長江師範學院學報》2009年第2期（重慶，雙月刊）。在收入《黑白膠片的文化時態——1922～1936年中國早期電影現存文本讀解》時，丙、部分的最後一句「這才是電影《西廂記》的高潮之處——誰能看不出，張生跨下那支筆，不過是男性性器官的象徵？」被編輯刪掉，此次收入本書時，除了增加專業鏈接2：和專業鏈接3：之外，亦根據原稿和雜誌發表版恢復將被刪除的文字恢復。特此申明。

初稿時間：2003 年 10 月 16 日
初稿錄入：嚴玲、饒頤璐
二稿時間：2006 年 12 月 30 日
二稿錄入：方捷新
三稿校改：2007 年 1 月 19 日
四稿改定：2007 年 12 月 1 日
五稿修訂：2014 年 2 月 13 日

參考文獻

〔1〕喬治·薩杜爾，世界電影史〔M〕，徐昭，胡承偉，北京：中國電影出版社，1995。

〔2〕酈蘇元，胡菊彬，中國無聲電影史〔M〕，北京：中國電影出版社，1996。

〔3〕程季華，中國電影發展史：第 1 卷〔M〕，北京：中國電影出版社，1963。

〔4〕酈蘇元，胡菊彬，中國無聲電影史〔M〕，北京：中國電影出版社，1996。

〔5〕程季華，中國電影發展史：第 1 卷〔M〕，北京：中國電影出版社，1963。

〔6〕程季華，中國電影發展史：第 1 卷〔M〕，北京：中國電影出版社，1963。

〔7〕程季華，中國電影發展史：第 1 卷〔M〕，北京：中國電影出版社，1963。

〔8〕程季華，中國電影發展史：第 1 卷〔M〕，北京：中國電影出版社，1963。

〔9〕程季華，中國電影發展史：第 1 卷〔M〕，北京：中國電影出版社，1963。

〔10〕程季華，中國電影發展史：第 1 卷〔M〕，北京：中國電影出版社，1963。

〔11〕程季華，中國電影發展史：第 1 卷〔M〕，北京：中國電影出版社，1963。

〔12〕程季華，中國電影發展史：第 1 卷〔M〕，北京：中國電影出版社，1963。

〔13〕楊樹達，漢代婚喪禮俗考〔M〕，上海：商務印書館出版，1933。

〔14〕安迪，「滿地花，拖地錦」〔N〕，作家文摘，2007-1-19（11）。

第伍章　積極搶佔道德制高點，而且要把戲做足——《情海重吻》（1928年）：表裏如一的舊市民電影

閱讀指要：

　　在 1932 年中國左翼電影興起之前，先進的文藝思想和社會理念並沒有進入中國電影，具體地講就是還沒有進入 1920 年代的舊市民電影。因此，舊市民電影在 1920 年代傳播的依然是傳統觀念指導下的舊思想、舊觀念，但是卻擁有數量巨大的觀眾群體；以《情海重吻》為代表的舊市民電影，是傳統的、通俗的、大眾的舊文學的電子影像版，因為整個故事淺顯易懂，有著強烈的道德說教意味，為底層民眾所喜聞樂見。觀眾在接受影片道德說教的同時，還進行著一次道德歷險——看看人家如何偷情，看看上層社會奢侈的生活，然後又很保險地回到正常的軌道，大家一起來批判壞人壞事，鼓勵好人好事。

關鍵詞：道德制高點；舊市民電影；舊文化和舊文藝；低俗性；1920 年代；

《情海重吻》截圖之一、二

專業鏈接 1：《情海重吻》，（故事片，黑白，無聲），上海大中華百合影片公司
1928 年出品。VCD（單碟），時長 59 分 48 秒。

>>> **編劇、導演**：謝雲卿。

>>> **主演**：王乃東（飾演王起平）、湯天繡（飾演謝麗君）、【陳
一棠（飾演陳夢天）、朱旦旦（飾演謝麗君母親）、
王謝燕（飾演王起平母親）、劉繼群（飾演男僕阿
福）】。

說明：《情海重吻》沒有片頭字幕及演職員表，演員及其飾演人物的
姓名均在人物第一次出場時出現，以上信息根據影片與相關
資料補注。

專業鏈接 2：原片片頭及影片中依次出現的人物及演員姓名字幕

王乃東　湯天繡　主演

情海重吻

LYTON WONG in

DON'T CHANGE YOUR HUSBAND

with T.S.TONG

□□□

專業鏈接 3：影片鏡頭統計

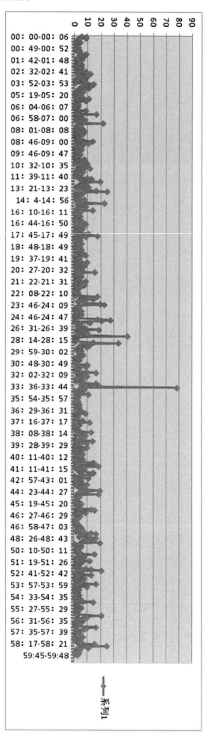

說明：《情海重吻》全片時長 59 分 48 秒，共 690 個鏡頭。其中：

甲、小於和等於 5 秒的鏡頭 469 個，大於 5 秒、小於或等於 10 秒的鏡頭 149 個，大於 10 秒、小於或等於 15 秒的鏡頭 36 個，大於 15 秒、小於或等於 20 秒的鏡頭 24 個，大於 20 秒、小於或等於 25 秒的鏡頭 8 個，大於 25 秒、小於或等於 30 秒的鏡頭 1 個，大於 30 秒小於 35 秒的鏡頭 1 個，大於 35 秒、小於 40 秒的鏡頭 0 個，大於 40 秒、小於和等於 45 秒的鏡頭 1 個，大於 45 秒、小於和等於 50 秒的鏡頭 0 個，大於 50 秒、小於和等於 55 秒的鏡頭 0 個，大於 55 秒、小於和等於 60 秒的鏡頭 0 個，大於 60 秒、小於和等於 65 秒的鏡頭 0 個，大於 65 秒、小於和等於 70 秒的鏡頭 0 個，大於 75 秒、小於和等於 80 秒的鏡頭 1 個，大於 80 秒的鏡頭 0 個。

乙、片頭鏡頭 1 個，片尾鏡頭 1 個；字幕鏡頭 118 個，其中交代劇情的鏡頭 4 個，人物介紹鏡頭 0 個，對話鏡頭 114 個。

丙、固定鏡頭 559 個，運動鏡頭 11 個。

丁、遠景鏡頭 3 個，全景鏡頭 160 個，中景鏡頭 42 個，中近景鏡頭 141 個，近景鏡頭 201 個，特寫鏡頭 23 個。

（數據統計與圖表製作：朱洋洋；核實：李梟雄）

專業鏈接 4：影片觀賞推薦指數：★★★☆☆

《情海重吻》截圖之三、四

甲、前面的話

顧名思義，「大中華百合」是由大中華影片公司和百合影片公司合併而來的。原先的兩個公司都成立於 1924 年，但「大中華」的主創人士譬如陸潔、顧肯夫、陳壽蔭和卜萬蒼等，大多是接受過西方現代教育的知識分子，據說都熱愛美國電影 [1] P76；「百合」的投資人吳性栽和主要編、導、演，譬如朱瘦菊、史東山、王元龍等人，則全部具有接受本土教育的知識背景 [2] P77~78。

這聽上去一新一舊的兩撥人在1925年合併成一個公司，到了1930年，「大中華百合」又和黎民偉的民新影片公司一起，併入由羅明祐和黎民偉主導的聯華影業公司[3] P559。1930年代（至1937年7月爲止），相對於天一影片公司電影題材的老與舊，「聯華」公司是以出品新電影聞名於業界的，但生存於1920年代中後期的大中華百合影片公司，無論分合與否，在當時都是以製作古裝、武俠、言情和神怪影片爲主，而這些題材種類恰恰是1920年代中國舊市民電影盛行的標誌。1928年出品的《情海重吻》，是今天公衆能見到的大中華百合影片公司的唯一的一部作品，在我看來，它自然也是舊市民電影表裏如一的典型代表。

《情海重吻》截圖之五、六

乙、《情海重吻》中體現的1920年代舊市民電影的特點

舊市民電影的一些特點，在1928年的《情海重吻》中體現得十分充分，這個「充分」充分表現在以下幾個方面。

子、搶佔道德制高點

舊市民電影無論講述怎樣的一個故事，無論怎樣編織故事的情節，無論最後的結局如何，有一點非常明顯──它最終要佔據一個道德制高點。因爲其道德品質經得起來自任何一方的──無論官方的、主流的或是民間的──道德倫理機制的質疑和檢驗，最後得以安全放行，這源於舊市民電影所依賴的傳統文化及其生成背景。《情海重吻》講述的是一個「負心女子癡情漢」的故事，其結局則是傳統倫理道德的線性必然：負心的一方受到懲罰，惡有惡報；忠厚的一方，高尚的道德情操得到充分肯定，善有善報。譬如女主人公謝麗君不守婦道、紅杏出牆，和她「喜結新歡」的男人

陳夢天私奔，最後的下場是被無情拋棄；男主人公王起平本性忠良，雖然由於上班遲到丟了工作，然後又失去了老婆，但因爲他忠於愛情、情操高尚，最終贏得美人回頭。

《情海重吻》截圖之七、八

　　王起平因爲其「善」得到的回報，現在的觀眾看起來似乎很可笑，但在當時（1920 年代）卻很重要、很嚴肅，更有堅實的傳統文化支撐和道德土壤的培育，對道德制高點的搶佔在影片中多有伏筆的。譬如，當謝麗君受到了陳夢天的蠱惑進而和丈夫離婚的時候，是陳夢天抓著她的手強迫她簽字；而「棄夫」王起平則始終癡情不改，甚至當掉衣服去給岳父買壽禮，表現出一個看重道德、感情、婚姻的正人君子面貌，只是爲了尊重女方的意願，不得已與之分離；謝麗君與王起平的離婚，是瞞著她父親的，當岳父大人得知眞情後，堅決地反對自己女兒的胡鬧，並給予女婿以強有力的道義援助和財力支撐。

　　在這個意義上，雖然一些傳統的大陸電影史研究著作對舊市民電影一再詬病，但我實在看不出「舊市民電影就是誨淫誨盜」這樣的定性結論，（也許這是我的局限，作爲一個專業研究者，我和廣大公眾一樣，看不到更多的 1920 年代的資料影片），——至少，《情海重吻》雖然大寫婚外戀，但你不僅看不到「誨淫」，恰恰相反，它是勸善、懲惡、戒淫的。影片告訴人們，一個已婚女子如果不守婦道，與人淫奔，是不對的，是不會好下場的；最後還要給你指出一條光明大道，即回歸家庭和社會的軌道，回歸正常的人生秩序當中——這樣的話，家庭才能美滿，個人才能得到幸福，社會才能和諧。當然，你可以看到，《情海重吻》中道德制高點的搶佔和道德說教是聯繫在一起的。

《情海重吻》截圖之九、十

丑、趣味性濃重

其實，就藝術審美而言，低俗在具有價值判斷的同時，還具有感性劃分和特定指向的先天性。一些中國的電影研究者總喜歡指出，市民電影、尤其是所謂下層民眾所看的電影，審美情趣都是不高的，譬如兇殺、色情、暴力、獵奇、黃色這些東西，既是下流的、反動的，也是底層民眾所趨之若鶩、欣賞再三的，它是中國電影歷史中的逆流云云。可能如此。但即使作爲專業研究者，我自己也看不到這樣的壞電影，也沒有更多的樣本供我與同行一起觀賞、鑒別進而批判。

但是就《情海重吻》而言，有一點是肯定的，它的趣味性是大眾化和世俗化的，即所謂低俗。因此，它當然更比較適合下層民眾的欣賞口味。對此，不能以後來的強勢意識形態的角度全盤否定，因爲這就是當時國產電影客觀存在的主流面貌。譬如，也是成立於1925年的天一影片公司，在當年出品的全部3部影片，就是此類「迎合小市民階級，宣揚傳統道德」的作品 [4] P22。因此，在傳統道德穩固的基礎上，市民電影難免這種低俗的炫耀性和時髦性——舊市民電影如此，隨後取而代之的左翼電影、新市民電影也不例外。這是因爲，歷史的發展都是建立在繼承的基礎上，很少例外。

《情海重吻》中所出現的場景和人物的身份地位，是當時（1920年代）大多數人不可能擁有的，（雖然可能也是許多人曾經夢想過的）。譬如男女雙方家庭居住的別墅式樣的豪華洋房、大學生陳夢天的豪華汽車，以及電報、電話等等洋玩意兒。《情海重吻》與其說表現陳夢天醉生夢死的少爺公子生活，不如說有意識地展示，更多炫耀性的意味。譬如影片的第一個鏡頭，就是陳夢天大清早與妖豔女友乘坐豪華汽車盡興歸來。

《情海重吻》截圖之十一、十二

　　除此之外，還有男女人物尤其是偷情男女的洋式生活、洋派做法。譬如陳夢天洋房裏比人還高大的大衣櫃，裏面分門別類樣式眾多的衣服；陳夢天和謝麗君相會之後，喝洋酒、點洋火、抽洋煙、吃洋式糖果；還有「洋式運動」，王起平回憶自己和謝麗君相識相戀的時候，閃回的是他們在打網球的情景——今天拍類似的電影基本就改成打高爾夫球或桌球了——因為這是身份和地位的象徵。

　　影片中不厭其煩地出示展現這種樣式玩意兒，完全是編導有意借助故事情節添加進去的，以便觀眾在看電影的時候，至少能看新鮮、看新奇，趣味濃厚，目的就是滿足觀眾的好奇心、窺視欲。這是 1920 年代舊市民電影（以及 1930 年代新市民電影）的一個共通的特徵。僅此而言，也的確沒有太多可以指責的理由〔註1〕。

寅、題材和對象定位明確

　　舊市民電影在題材上基本局限於家庭、婚姻和戀愛範疇，基本上也不涉及什麼重大題材，（要是有什麼國計民生的內容，恐怕也就不是舊市民電影了）。其實，任何文藝作品的題材本來沒有大、小或重要、次要之分。舊市民電影的題材確實是和市民日常生活息息相關，或曰有著重要聯繫的家庭和婚姻生活——因為絕大多數社會成員的生活都是和家庭、和婚姻有關

〔註1〕如果說《情海重吻》中的這些洋房、洋車、洋酒、洋煙、洋糖果、洋運動屬於硬件展示的話，其實還有時代文化軟件編程的展示。《情海重吻》講的是一對夫妻離婚又破鏡重圓的故事，許多人認為那時候的思想守舊，許多男女從一而終，其實事實並不完全如此。在 1920 年代，離婚的確是一個新玩藝兒、新事物，大多數人可能不玩或玩不起，但在當時社會上就是流行這樣的事。

的。因此，編導在《情海重吻》中，對這一傳統題材做足了文章，譬如設計了婆婆和丈母娘兩方的使氣鬥勇、唇槍舌戰的場面，這是舊市民電影最拿手的地方之一。

《情海重吻》截圖之十三、十四

舊市民電影顧名思義，在文藝範疇上屬於舊文化和舊文藝，傳播和接受對象主要是以下層市民為主的觀眾群體。在1920年代的電影觀眾構成中，中上層人士譬如知識分子階層尤其是青年學生所佔的比重幾乎可以忽略不計，因為他們有更主要的、更能夠明確其社會身份和文化地位的文藝體裁和文藝形式，例如小說、詩歌、散文這樣的高端文化消費行為。換言之，1910年代末期興起的新文化和新文學，才是1920年代的知識分子和青年學生關注的熱點和中心。

《情海重吻》截圖之十五、十六

正因為舊市民電影的對象如此明確，所以今天人們如果再翻看《情海重吻》這類電影，你就可以理解它的層次、趣味、體裁和道德說教。事實上，這些在影片中的表現和傳達是表裏如一、配置得當的。

《情海重吻》截圖之十七、十八

卯、把戲做足的表演模式

首先是誇張。《情海重吻》的表演和明星影片公司 1922 年出品的《勞工之愛情》一樣，極盡誇張之能事。其原因，一方面是因為舊市民電影與中國傳統戲劇戲曲同屬於舊文藝和舊文化的範疇，另一方面，在接受後者的影響比較直接和深遠的同時，又受到無聲電影本身的技術制約，不得不強化肢體和面部語言的功能。譬如，當謝麗君到陳夢天家裏，聽到僕人告訴她說陳夢天和別的女朋友在一起的時候，她的表情扭曲幾近顛狂；當王起平回憶起原先夫婦好合的甜蜜往事時，也是用極端的面部表情傳達內心痛苦。而這些，都是對舞臺表演模式的搬移套用。

《情海重吻》截圖之十九、二十

其次是臉譜化。在《勞工之愛情》中，街頭的流氓阿飛與他們的面相打扮相一致，《情海重吻》也是一樣。王起平面相端莊，正氣凜然，一看就是忠厚之人。反過來，作為第三者的陳夢天雖然也不失眉清目秀，但無論是稱之

爲奶油小生還是洋場惡少或小白臉，都不會弱化其臉譜化的效果。有意思的是，在女性形象方面，謝麗君的母親因爲縱容、包庇、鼓勵自己女兒的不端行爲，所以就特意選取了面相奸詐的演員〔註2〕。相形之下，1920 年代著名影星湯天繡扮演的謝麗君，由於屬於經不起誘惑、最終又改邪歸正的人物，因此她的臉譜化是階段性的：在她「犯錯誤」的影片前半部分，她的豔麗突出其妖豔淫蕩的特徵，但在她悔恨、醒悟、回歸家庭之後，卻又一臉正氣了。這當然和觀眾的道德評價和指認情緒有關，但不能排除表演程式上的主觀指導與設置。

《情海重吻》截圖之二十一、二十二

丙、從《情海重吻》看舊市民電影的貢獻、缺陷及其相應的文化時代背景

　　舊市民電影在中國大陸 1949 年後被基本完全否定，但這並不意味著舊市民電影一無是處。從 1913 年中國第一批短故事片《難夫難妻》（鄭正秋編劇，鄭正秋、張石川聯合導演，亞細亞影戲公司出品）和《莊子試妻》（黎民偉編劇、主演，華美影片公司製片發行），到 1930 年代初期左翼電影和新市民電影出現，舊市民電影作爲中國唯一的主流電影形態，佔據電影界長達 20 年之久，一點貢獻和成就也沒有是說不下去、講不通道理的。在我看來，舊市民電影及其發展，至少在電影表現模式、敘事策略上，豐富和提升了中國舊文藝的內在品質和文化水準，同時也爲後來以左翼電影和新市民電影爲代表的新電影奠定了藝術發展基礎。

〔註 2〕在中國古代許多關於面相的典籍論述中有這樣的描述和定性，古典文學和傳統戲劇戲曲中的臉譜化，就是這種文化薰陶滋養下的外在體現。

《情海重吻》截圖之二十三、二十四

　　就藝術作品的道德說教視角而言，《情海重吻》遵循大多數傳統家庭倫理題材的處理模式，但對婚戀變故中往往將男性或女性人物單一置於道德低位的模式稍做變化，在譴責陳夢天這個插足王、謝婚姻的第三者的同時，增加了女性道德低位的座次，雖然，陳、謝形象依然是傳統文藝作品中所謂姦夫淫婦的模式化成品。就這個角度來說，《情海重吻》極大地迎合、滿足了觀眾多指向的道德訴求和審美趣味。因爲，這裡除了有壞男人可以看（影片用陳夢天滿足了大多數觀眾的道德冒險心理需求）之外，還讓觀眾看到壞女人又是怎麼變回好女人的。

　　《情海重吻》本來是一個正劇，但是它在敘述的時候不忘加入詼諧、喜劇的成分。譬如男主人公的胖老媽、謝家同樣肥胖但蠢笨的男僕、戴著高度近視眼鏡卻見錢眼開的幫閒先生，都不時弄出一副很搞笑的動作和滑稽作派；在給老丈人祝壽的堂會上，特意加演了一段中國傳統的相聲片段、一段西式的魔術和小丑表演——這其實是當時流行的美國電影喜劇明星卓別林形象的引入。這些都不妨礙《情海重吻》的道德訓誡，因爲這些與臉譜化有關的類型化的人物陪襯，只是單純爲了加強影片的噱頭鬧劇成分和滑稽效果——這是舊市民電影的又一個共同特點，但隨著時間的推移，它往往會導致負面效果對電影發展本身的損害。

　　就影片的敘述方式、尤其從現在的角度來看，《情海重吻》整體比較呆板，篇幅只有 60 分鐘；但是不得不承認、不得不佩服，就是這麼一個講得很板的短故事，編導還是極力要豐富其表現方式。譬如影片一再使用閃回和疊化：先是王起平面對謝麗君的照片回憶以往的甜蜜，表現出無限悲痛；第二次是老丈人追問女婿女兒之間的糾葛，王起平說起陳、謝之間的那封情書。這都

可以看做是編導試圖要打破呆板敘事的努力，而這種努力在舊市民電影的發展歷史是有持續性的，在此之前的《一串珍珠》（長城畫片公司 1925 出品）中的閃回不僅次數很多，而且幾乎構成推進敘事的主要手段。

《情海重吻》截圖之二十五、二十六

　　《情海重吻》最大的缺陷，就是強調道德說教而不惜犧牲生活真實。這也是舊市民電影、或曰 1920 年代中國電影的通病；同時，在一定程度上，這種通病也涉及和帶入了 1930 年代的新電影（譬如左翼電影和新市民電影）之中〔註3〕。譬如，雖然在 1920 年代的中國社會，離婚是一個很時髦的事情，有許多人在做，但畢竟是件大事。不能夠想像，這麼大的事情在《情海重吻》中，老丈人卻始終不知道，這是犧牲生活真實或曰違反生活常識的。這和 1920 年代舊市民電影存在和產生的文化背景有關。

　　1920 年代，中國文藝已經進入到新文化時期並成為主流文化的代表。所以，在舊文藝範疇之內的舊市民電影，無論怎樣努力，無論有多少值得肯定的地方，也無論它的缺點後來怎樣得到了克服，在當時都是落後於時代發展的。然而，在認為它已經落後的前提下，我要回過頭來，對所謂的先進的、現代的和一值得到大力張揚和肯定的新文化範疇內的新文學，作出幾點批評——由於新文學的貢獻是眾所周知的，所以在此不題。

〔註 3〕譬如許多被研究者廣為稱道的左翼電影為了傳達其思想、宣傳其理念，常常不惜犧牲生活真實。1949 年以後，中國大陸電影繼承了左翼電影的傳統局限性的一面，在片面強調思想性、宣傳性的同時，逐步擴大對藝術性和生活真實的犧牲，而且更將其擴展到歷史真實——這種危險和狹隘的歷史後遺症一直持續到今天。（對這一問題的深入討論，請參見拙作《黑白膠片的文化時態——1922～1936 年中國早期電影現存文本讀解》與《黑夜到來之前的中國電影——1937 年現存國產影片文本讀解》兩書的相關篇章）。

《情海重吻》截圖之二十七、二十八

　　子、從 1917 年開始的新文學，從開始到現在，其理論定位與實際傳播效果一直錯位和無法準確對接。新文學一直認為自己應該是大眾的、全民的文學。所以胡適在 1918 年提出「國語的文學和文學的國語」（《建設的文學革命論》），試圖從文字上、語言上達到全民化標準統一的程度——至少口頭表達和書面語言應該統一。但事實上人們會發現，至今還二者還是各成體系，新文學的讀者群體和接受新文學影響的，往往局限於社會中上層——尤其是當時的知識分子階層。因此，就社會影響力而言，其實新文學的影響力不是文學史描述的那樣「影響巨大」，反倒是《情海重吻》這樣的舊市民電影和 1930 年代張恨水這樣的「鴛鴦蝴蝶派」通俗小說影響的更占上風〔註4〕。

　　丑、就讀者群體的影響而言，不能不說，舊文學的影響面更為寬泛，影響的人數更為眾多——主要是占社會大多數的下層民眾[5] P337。雖然他們幾乎沒有多少話語權、對社會文化的發展湧動幾乎保持主流話語上的沉默，但舊文學在傳播層面的影響力要大於新文學。與舊文學同屬於舊文化範疇之內的舊市民電影，其影響面也同樣更為寬泛，影響的觀眾也同樣眾多。但在 1920 年代，知識分子尤其是青年學生在當時電影觀眾中所佔的份額極少，因此其影響也幾乎可以忽略不計。

　　寅、新文化和新文學建立在對傳統文化批判的立場上，其思想核心是西方先進的思想意識，其形式也是西方現代的，譬如中短篇小說和自由體詩歌。

〔註 4〕譬如作為新文化和新文學的偉大代表，魯迅的影響絕對是很深刻的，但是有
　　　一個影響面的局限：即知識階層；而「引車賣漿者流」的下層民眾、升斗小
　　　民絕對不需要或知道誰是魯迅、魯迅又是如何偉大。傳統文學和新文學、通
　　　俗文化與精英文化的對立至今存在。

而在 1932 年中國左翼電影興起之前，先進的思想和理念並沒有進入中國電影，具體地講就是還沒有進入 1920 年代的舊市民電影形態當中。因此，舊市民電影在 1920 年代傳播的依然是傳統觀念指導下的舊思想、舊觀念，但是卻擁有數量巨大的觀眾群體；新文化和新文學雖然代表了時代的先進性、思想和人生價值的現代化，但對於大眾的文化生活、思想感情卻缺乏強大的感召力、影響力──這是新文化和新文學的悲哀，也是歷史短板效應的體現。

　　以《情海重吻》為代表的舊市民電影，是傳統的、通俗的、大眾的、舊文學的電子影像版。譬如最明顯的標誌就是影片半文不白的字幕──其實有沒有字幕，對無聲片時代的觀眾都不打緊，因為整個故事淺顯易懂，底層民眾喜聞樂見。更重要的是，觀眾在接受影片道德說教的同時，還經歷著一次道德歷險──看看人家如何偷情，看看上層社會奢侈的生活，然後又很保險地回到正常的軌道，大家一起來批判壞人壞事，鼓勵好人好事。就舊市民電影的藝術欣賞和傳播效果而言，顯然，其內在品質和外在形式的低俗性，首先是它的客觀存在和感性接受，其次才是價值判斷和意識形態定位。

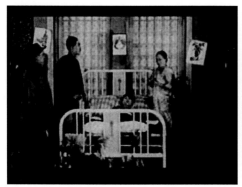

《情海重吻》截圖之二十九、三十

丁、多餘的話

　　子、重看 1928 年的《情海重吻》，對於理解今天的中國大陸電影界動輒就聲稱製作出了轟動世界影壇的大片有一定的幫助。人們可以看到，《情海重吻》一類的舊市民電影，在思想、觀念和意識層面，與如今具有超級名氣的大導演們所站的高度是一個水平線上，都屬於落後於時代的舊市民電影行列。

　　丑、但是，不得不承認，《情海重吻》的思想觀念雖然落後，技術手段與今日相比更是不堪提起的影片，卻至少表現出努力講好一個故事的、笨拙的奮鬥精神，而現在所謂的導演似乎已經不屑於如此這般了〔註5〕。

《情海重吻》截圖之三十一、三十二

初稿時間：2003 年 10 月 23 日
初稿錄入：嚴玲、饒頤璐
二稿時間：2006 年 12 月 22 日
二稿錄入：方捷新
三稿校改：2007 年 1 月 21 日
四稿改定：2007 年 11 月 30 日
五稿修訂：2014 年 2 月 14 日

參考文獻

〔1〕程季華，中國電影發展史：第 1 卷〔M〕，北京：中國電影出版社，
　　1963。

〔註5〕除了專業鏈接2：和專業鏈接3：，以及丁、多餘的話之外，本章的文字部分
　　（約 7000 字），在收入《黑白膠片的文化時態——1922～1936 年中國早期電
　　影現存文本讀解》之前，曾以《對 1920 年代末期中國舊市民電影低俗性的樣
　　本讀解——以 1928 年大中華百合影片公司的〈情海重吻〉爲例》爲題，發表
　　於《浙江傳媒學院學報》2009 年第 4 期（杭州，雙月刊）；此次收入本書時，
　　除了將成書版和雜誌版的閱讀指要：合併外，又將後者中的少許字句和參考
　　文獻〔5〕一併移入。特此申明。

〔2〕程季華，中國電影發展史：第 1 卷〔M〕，北京：中國電影出版社，
　　1963。

〔3〕程季華，中國電影發展史：第 1 卷〔M〕，北京：中國電影出版社，
　　1963。

〔4〕胡蝶，胡蝶回憶錄（內部發行）〔M〕，劉慧琴整理，北京：新華出版社，
　　1987。

〔5〕錢理群，吳福輝，溫儒敏，中國現代文學三十年（修訂本）〔M〕，北京：
　　北京大學出版社，1998。

第陸章　新時代中的舊道德，老做派中的新氣象——《雪中孤雛》(1929年)：舊市民電影及其個案讀解之六

閱讀指要：

　　作為 70 多年前的舊電影，《雪中孤雛》那些時髦景象和物品，不僅今天看上去不落伍，而且還別有情趣。譬如男人一律西裝革履、大背頭、抽香煙、耍洋派——就連楊老爺在農田裏揮鋤種地時都穿西褲、繫領帶；女性人物全是旗袍加身以及性感之極的高跟鞋，(女僕胡春梅腳上的繫腕高跟鞋今日依然酷斃)，扮相新潮。從華劇影片公司現存唯一的這一部《雪中孤雛》來看，它既昭示了 1920 年代中國主流電影——舊市民電影的路數，也暴露了其趨於沒落的狀態，雖然它始終想在影片中加入新元素以彌補舊市民電影本身的致命缺陷。

關鍵詞：「華劇影片」；舊文藝；「亂」與「治」；雙重優勢；

 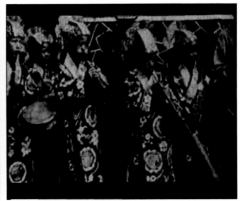

《雪中孤雛》截圖之一、二

專業鏈接 1：《雪中孤雛》，（故事片，黑白，無聲），華劇影片公司 1929 年出
品。VCD（雙碟），時長 76 分 22 秒。

　　〉〉〉**編劇及説明：周鵑紅；導演：張惠民；副導演：吳素馨；**
　　　　　攝影：湯劍庭。

　　〉〉〉**主演：**吳素馨（飾演逃婚女子胡春梅）、韓蘭根（飾演胡春
　　　　　梅丈夫韋蘭耕）、沈麗霞（飾演韋蘭耕之母韋何氏）、
　　　　　李紅紅（飾演韋家的姨太太韋楊氏）、張惠民（飾演
　　　　　大少爺楊大鵬）、丁華氏（飾演楊大鵬母親楊姜氏）、
　　　　　張劍英（飾演楊大鵬之姐楊映紅）、吳素素（飾演楊
　　　　　大鵬之妹楊映文）、盛小天（飾演惡少常嘯梯）。

説明：《雪中孤雛》沒有片頭的演員表字幕，演員及其飾演人物的姓
名和介紹均在人物第一次出場時出現，以上信息根據影片與
其他文字資料補注。

專業鏈接 2：影片片頭字幕以及依次出現的人物、人物介紹和演員姓氏

　　雪中孤雛　The Orphan of the Story

　　副導演：吳素馨　ASSITANT DIRECTOR, WHITE ROSE WOO

　　攝影：湯劍廷　PHOTOGRAPHED BY TONG KIM DING

　　編劇兼説明：周鵑紅　STORIED AND ORATOR, JOHN CHOW

　　布景兼書幕：沈文俊

　　SETTING AND CHARACTER -WRITER,SUN VEN CHIN

新郎韋蘭耕面目可憎，言語乏味兼之渾渾噩噩，不明事理，故人咸稱之為呆蟲：韓蘭根飾

Wei Lan Kun ugly and unrefined in speech; foolish in behavior and not amenable to civil ways is known at large as a block-head.　Han Lan Kun.

專在女子身上用工夫、脂粉隊裏討生活之浪蕩子常嘯梯：盛小天飾

Chang Hsiao Te, a flatterer of girls, always crazy over a skirt.　Chiffon John.

新娘胡春梅為惡劣環境重重包圍，無力反抗之孤女：吳素馨飾

Miss Hu Chun Mei, the bride, a miserable girl, who is too weak to defend herself again the crowd of rowdies around her.　Miss White Rose Woo.

韋何氏蘭耕之生母，為舊禮教之信徒：沈麗霞飾

Mrs.Han.the mother of Lan Kun,a stanch believer in the good old ways. Miss L.S.Sun.

韋楊氏蘭耕之二娘，半新不舊之女子也，人又以其兇悍異常，故有雌老虎之威名：李紅紅飾

Mrs. Wei, nee Miss Young, he concubine of Lan Kun's father, intermediate between the old and the modern ways, yet severe and cruel, nicknamed the tigress.　Miss Lee Hong Hong.

富家女楊映文秉性溫文，待人和藹，楊姜氏映文之母天性忠厚，一似其人。吳素素：丁華飾

Miss Yang Yung Mei, an heiress, gentleness personified; her mother Mrs. Yang also a woman of lovable habits.　Miss Woo Soo Soo.　Miss W.S.Ting.

富家子楊大鵬為人慷慨灑脫，又善於排難解紛，頗有俠士風：張惠民飾

Yang Ta Ping, a son of a rich family and heroic in manner is liberal and able to smooth out difficulties of other.　Chang Wei Min

映紅，楊姜氏之長女，慣於掀風播浪，無中生有之長舌婦：張劍英飾

Miss Yung Hong, eldest daughter of Mrs. Yang, a talkative gossiper, regardless of consequences.　Miss Chang Chien Ying.

專業鏈接 3：影片鏡頭統計：

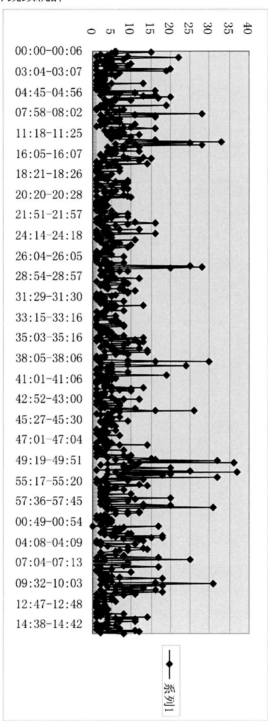

說明：《雪中孤雛》全片時長78分22秒，共797個鏡頭。其中：

甲、小於和等於5秒的鏡頭511個，大於5秒、小於和等於10秒的鏡頭178
個，大於10秒、小於和等於15秒的鏡頭56個，大於15秒、小於和等
於20秒的鏡頭34個，大於20秒、小於和等於25秒的鏡頭6個，大於
25秒、小於和等於30秒的鏡頭5個，大於30秒、小於和等於35秒的
鏡頭5個，大於35秒、小於40秒的鏡頭2個，大於40秒的鏡頭0個。

乙、片頭鏡頭2個，片尾鏡頭2個；字幕鏡頭135個，其中交代劇情的鏡
頭12個，人物介紹鏡頭8個，對話鏡頭115個。

丙、固定鏡頭612個；運動鏡頭46個。

丁、遠景鏡頭61個，全景鏡頭59個，中景鏡頭244個，近景鏡頭251個，
特寫鏡頭43個。

（數據統計與圖表製作：邢軍；核實與修訂：朱洋洋、李梟雄）

專業鏈接4：影片觀賞推薦指數：★★★☆☆

《雪中孤雛》截圖之三、四

甲、前面的話

《雪中孤雛》的VCD屬於在大陸市面上公開出版發行的「俏佳人」系
列，可能是因為原來的電影膠片因年代久遠、多有缺損，而轉錄成VCD時
似乎也沒有修復，所以畫面質量和效果很差。我估計除了少數的專業研究
者之外，DVD時代的觀眾沒有多少人願意看。此外，影片的出品方——華
劇影片公司在以往的中國電影歷史研究中也沒有什麼特殊地位。根據《中
國電影發展史》第一卷收載的《影片目錄》判斷，華劇影片公司存在和活
動的時間介於1926年至1931年間，一共出產24部作品，以武俠、言情片
為主[1] P587～589。

　　華劇影片公司的主創或核心人物是周鵑紅、陳天、張惠民、吳素馨，除了湯劍庭一直主掌攝影外，這幾位都是全才，集編劇、導演、演員於一身，真可謂是一人多能、能者多勞，給人一種四人輪流上場、包打公司天下的良好感覺。譬如在《雪中孤雛》中，導演是張惠民，吳素馨是副導演兼女主角，外人看上去會以為周鵑紅只會編劇，張惠民不過是導演，吳素馨那個副導演是個掛名。但對比資料你就會歎服，24 部「華劇」影片，他們把編、導、演串了個遍。我所謂良好感覺指的是，在中國早期電影的生產歷史中，民營或曰私營公司製作的高效率、低成本、敢用人、能幹活的敬業實幹作風和樸素求實精神，實在值得今天的大陸電影界借鑒。

　　鑒於華劇影片公司的最後一部電影是 1931 年出品的，因此可以判斷，它像當時許多小公司一樣，在電影製作、尤其是電影題材日益多元化 1930 年代初期難以為繼，不得不結束業務。實際上，從華劇影片公司現存唯一的這一部《雪中孤雛》來看，它既昭示了 1920 年代中國主流電影──舊市民電影的路數，也暴露了其趨於沒落的狀態，雖然它始終想在影片中加入新元素，以彌補舊市民電影本身的時代性缺陷。

《雪中孤雛》截圖之五、六

乙、《雪中孤雛》：1920 年代中國舊文藝時代諸種理念表現的電影形態

　　《雪中孤雛》對舊文藝的「表」、「裏」都做了充分的、恰如其分的電影式的表述。

　　作為舊市民電影，所謂的「表」是指《雪中孤雛》的外在形式，在一定程度上你甚至可以把默片時代的舊市民電影看作「評書電影」，因為它的臺

詞、「說明」，與評書（也就是舊小說）使用的詞語完全相同。譬如當女主人公胡春梅到楊家做傭人，失手打碎了一個花瓶，楊大少爺爲她迴護時這樣說：「人非聖賢，孰能無過。做錯點事，何用害怕？」。除了臺詞，每一個人物出場，都有一段「說明」給予評價定性，套用的是評書和舊小說裏面的「有詩贊曰」 模式，（古典小說《水滸傳》的每一個人物出場都是如此）。

譬如，韓蘭根扮演的新郎出場時，給出的「說明」是：「新郎韋蘭根，面目可憎，言語乏味，兼之渾渾噩噩，不明事理，故人稱之爲『呆蟲』」。女主人公出場：「新娘子胡春梅，爲惡劣環境重重包圍，無力反抗之孤女」。而「素在女子身上用功夫，脂粉堆裏討生活」，說的是浪蕩公子常嘯梯。楊家母女（楊姜氏和她的二女兒）出場：「富家女楊應文秉性溫文，待人和藹；楊姜氏，應文之母，天性忠厚，一似其人」。對男主人公楊大鵬的評介是，「富家子楊大鵬爲人慷慨、灑脫，又善於排難解紛，頗有俠士風」。至於韋家的姨太太，「爲半新不舊之女子也，人又兇悍異常，有雌老虎之威名」〔註1〕。

《雪中孤雛》截圖之七、八

除了這些「說明」所使用的語言是典型的舊小說的套話之外，人物也呈現出鮮明的舊文藝傳統的類型化特徵。譬如韓蘭根扮演的新郎韋蘭根，就是典型的「烏龜」和無能男子的類型代表；女主人公胡春梅是典型的國色天香的弱女子，身逢不幸，但最後又有一個大團圓結局修補其道德形象；作爲反面人物，浪蕩公子常嘯梯自然是無惡不作，最後惡有惡報。

〔註1〕默片時代或曰舊市民電影時代的電影編劇，尤其是字幕（「說明」）工作，基本上由當時的舊式文人擔當。因此，當時影片上的文字說明（字幕），其語言之「舊」也就在所難免。譬如在 1922 年。「明星」公司就與通俗小說大家包天笑簽約，請其專門爲電影寫「字幕」，他稱之爲「爲女明星立言」[3]。

　　所謂的「裏」，指的是《雪中孤雛》的內容。舊市民電影的內容往往局限於婚姻、家庭，尤其是青年男女的個人情感的小風波，當下的時代背景模糊，呈現著強烈的舊文藝的題材特徵。而隨之對應的表現方式，就是把苦情戲做足，這是舊文藝擅長的把戲，女主人公形象的塑造就是這樣的代表。

　　女主人公胡春梅身上，有幾重苦情、悲情，是影片極力渲染的重點：資質良好的一個賢惠美女嫁給一個齷齪男人，此爲「遇人不淑」，一悲也；逃離封建家族，試圖尋找自己的幸福生活，結果淪落下層，「賣身爲奴」，二悲也；楊家長女肆意欺負，把她攆到荒郊野地之中，處境悲慘，「流離失所」，三悲也；最後在路上被早就盯上她的浪蕩子給搶掠到性虐待處所，百般淩辱，「生不如死」，四悲也。胡春梅身陷四重悲苦之境，就是舊文藝最典型表現特徵——悲情、苦情戲做得很足。

《雪中孤雛》截圖之九、十

丙、《雪中孤雛》所體現出來的舊市民電影的美學特徵

　　在我看來，1920 年代的中國電影都屬於舊市民電影，《雪中孤雛》也不例外。因此，《雪中孤雛》在性質上必然受到舊文藝的約束，所體現出來的是舊市民電影的美學特徵，在《雪中孤雛》中，就是「一亂一治」表現手法的純熟運用。

　　所謂「亂」，指的是，《雪中孤雛》總體上是集家庭虐待、打鬧、情色、暴力於一體。

　　家庭虐待。女主人公所在的第一個家庭和她賣身爲奴的第二個家庭雖然是好壞各異，但構成模式卻是相似的——譬如都有典型的「惡婆婆、壞小姑」形象，這是中國傳統舊式家庭顯著的劣根性特徵，因爲婆媳矛盾在家庭倫理

學當中是天然存在的矛盾，極具中國特色。韋家的二娘（姨太太），其實就是「惡婆婆」形象的替代──雖然女主人公的婆婆是一個舊禮教的信徒，沒有對她虐待；「壞小姑」形象則出現在楊家，楊家的長女對她十分兇狠，符合「小姑虐待嫂子」的傳統文化模式。

《雪中孤雛》截圖之十一、十二

　　「鬧」字當頭。「鬧」就是影片「亂」的具體體現。在 1920 年代的舊市民電影當中，滑稽、噱頭、打鬧成為主要的特徵，這些特徵在《雪中孤雛》中一目了然。譬如在婚禮上的「鬧」，韓蘭根扮演的新郎極盡誇張丑陋之能事，出盡洋相，耍盡噱頭；還有婚禮上吹喇叭的小孩，編導特意給了兩次鏡頭──這無非是想給中國式的鬧劇婚禮添油加醋。

　　「打」字為先。這其實體現了舊文學以及傳統的市民文藝（譬如武俠小說）的暴力主題──對暴力意識尤其是家庭暴力的熱情描述。這些東西在《雪中孤雛》中雖然可以用「英雄救美」這一舊式主題來概括，但是它所表現的種種特徵無不在「打」字上做文章。除了那個浪蕩子搶劫春梅有暴力虐待、楊少爺英雄救美有打鬥情節之外，還有女主人公胡春梅打碎種種東西的視覺影像：譬如先是打碎了一個花瓶，後來摔了一個臉盆，接著摔了一堆茶盤。電影在這方面比書面文字更有優勢。譬如舊小說上只能說這可憐的女子摔碎了這個、摔碎了那個，在表述上就不如電影更有視覺衝擊力。

　　情色表現。胡春梅被壞人常少爺搶掠到一處秘密處所，雖然施暴的場面被英雄救美給攪了局，但編導和觀眾對它所蘊涵的情色信息心知肚明。情色表述在文藝出現之日起就一直存在，但在紙質文學中由於文字的約束、在戲劇戲曲中由於時空的局限而使它的傳播受到限制。除了繪畫和雕塑外，1920

年代電影在中國的普及爲情色信息及其精確表述和眞實再現，提供了無以倫
比高科技載體——公平地說，1920 年代的舊市民電影充分利用了這個有利條
件。進入 1930 年代，包括左翼電影、新市民電影在內的新電影崛起後，也沒
有全然摒棄其精華——看看聯華影業公司 1932 年出品的《火山情血》、《野玫
瑰》、1934 年出品的《體育皇后》和《大路》，它們對青春風釆和健康人體的
展示——如果沒有情色，所謂女性風釆和健康理念恐怕無從立足。

《雪中孤雛》截圖之十三、十四

　　所謂「治」，是指舊市民電影在影片最後，大多會以道德的名義，做一個
高層次的倫理化收束，或曰洗腦式的道德淨化。

　　譬如你從剛開始看《雪中孤雛》時就可以推測結局。按照常理，女主人
公姿色上乘但遇人不淑，既然有英雄搭救，最後應該是投桃報李。事實的確
如此。但有意思的是，《雪中孤雛》在這個模式的運用上耍了個小花頭。影片
的最後，楊少爺把她從「魔窟」救出來以後，春梅說了一句「我願意終生侍
候少爺」，影片就此結束。這和傳統的「有情人終成眷屬」的結局似乎有一點
區別，影片並沒有讓兩個人立即成其好事——譬如婚禮場面的出現，從而直
接滿足觀眾道德化的感官述求，反倒體現了舊文藝時代紙質文學的特徵，但
在本質上，兩者是一樣的——因爲在傳統的文化語境裏，女子對男子所表示
的愛意或者成就事實婚姻，就會說「自薦枕席」或「侍奉終生」。

　　這還不是影片中「治」的重點。在我看來，編導對兩人終成眷屬的安排，
更多在於倫理道德上的考量。因爲男主人公出身富家少爺，女主人公雖然說
不上是赤貧之家，但他們在影片中所處的社會地位是不同的、或者說差異很
大；況且，少爺是以拯救者的面目出現，弱女子胡春梅是被拯救者的身份。

如果胡春梅直接說，我願意嫁給你，或者影片明確表明兩個人構成婚姻（例如補一段喜結良緣龍鳳呈祥的鏡頭），如果是這樣，那就構成對傳統社會道德秩序和男主人公道德位置的挑戰。因為，在女主人公在和男主人公的情感關係中，不僅他們所處的社會地位不同，其道德地位和歸屬也是不一樣的。

《雪中孤雛》截圖之十五、十六

直截了當地說，在傳統社會的婚姻構成體系中，一般來講，男方應當擁有社會屬性和自然屬性上的雙重優勢，女方則應相對顯得劣勢。在社會屬性上，它的表現就是所謂「娶媳當娶不如己家，嫁女當嫁勝於己家」──傳統的「郎才女貌」之說其實就是這個價位，只不過由於添加了文化的人工色素，從而大大提高了社會性認同消化的滑膩口感；在自然屬性上的婚配組合中，對女性的要求遠比男性嚴苛。通俗地說，婚配中男方若有喪偶或停妻再娶一類的婚姻經歷，一般無損於他的社會地位和婚後的家庭地位，而女方無論婚前失貞還是婚後喪偶，都意味著她社會地位和婚後的家庭地位的雙重低下甚至基本喪失。而這些都是被傳統社會道德和婚姻道德所認可已久、通行至今的準則。

《雪中孤雛》中的男主人公不僅具有上述雙重優勢，而且和女主人公相比，他還具有更大的優勢：他是沒結過婚的童男。按照傳統的婚姻倫理觀念，和這樣的男人相配的應該是一個處女。然而，女主人公恰恰是一個結過婚（即喪失了貞潔）的婦人──雖然影片很清楚的表明，女主人公還保持著處女之身，因為婚禮過後，傻新郎不斷抱怨說女主人公「她又不肯跟我睡」，可見編導竭力強調、做足鋪墊的苦心。但是無論如何補救，胡春梅在名義上是一個已婚者（屬於情感失貞或曰名譽失貞之人），那她在道德上和楊少爺就是不平等的。

《雪中孤雛》截圖之十七、十八

　　這就是爲什麼影片結尾不能給出一個明確的締結婚姻的表述的根源。這個根源不在主人公本身，不在於楊少爺對她有無嫌棄之感，而在於春梅自己就認爲配不上楊少爺，所以她甘居下等，說「侍候」而不是說「我要嫁給你」或「和你結婚」。女主人公的這種道德低位感和失去貞節的弱者情結，顯然既是編導給與的、也是舊市民電影和舊市民電影時代的觀眾集體賦予的〔註 2〕。

丁、《雪中孤雛》：舊文藝和舊電影背景中的新、舊搭配

　　作爲 1920 年代舊市民電影的樣本，雖然可以從《雪中孤雛》中研討歸納出許多舊市民電影的形態特徵，但是影片中卻有許多新的元素，又間接地反應了新時代、新事物的面目。

　　首先是衣飾、什物之新。作爲 70 多年前的舊電影，《雪中孤雛》中卻有很多時髦景象和物品，而且這些東西今天看上去不僅不落伍，情趣還依然不減。譬如無論是正面形象還是反面形象，男人們一律都是西裝革履、大背頭、抽香煙、耍洋派——就連楊老爺在農田裏揮鋤種地時都穿著西褲、繫著領帶；女性人物則全部是旗袍加身並配置以性感之極的高跟鞋，（女僕

〔註 2〕在 1980 年代臺灣出品的一個色情片裏，女主人公從鄉下出來到城裏做性工作者，正好遇上一個性苦悶的男青年，兩個人先是亂在一處，最後在親戚的陪伴下到教堂喜舉行了婚禮——這不是主人公的要求，而是編導的要求。所以，主流色情電影，編導一般都逃不出類似窠臼的束縛。這與其說是傳統和文化決定的，不如說是創作者自身固有的道德穩定系統在發揮作用。（注：本條注釋在收入《黑白膠片的文化時態——1922～1936 年中國早期電影現存文本讀解》被刪除，現根據原稿補上）。

胡春梅腳上的繫腕高跟鞋，今日依然酷斃），扮相新潮。此外，那時候的房屋，其佈局、擺設和裝飾，並不亞於今天大城市裏的豪宅別墅。再看看楊少爺用的暖水瓶，非常小的一個，類似於今天的時尚咖啡壺——還有電熨斗。

《雪中孤雛》截圖之十九、二十

其次是理念之新。《雪中孤雛》雖說是 1920 年代的舊市民電影，但在 1920 年代後期，一些新的時代理念，還是以片段的或細節的方式多少進入到電影中，它與舊文藝和舊電影的「舊」形成奇異嫁接的景象。譬如在影片中，胡春梅剛去做女傭時不慎打破東西，楊少爺好言撫慰；尤其有意思的是影片刻意安排的一場戲：胡春梅因為身體倦累，夜裏靠在沙發上睡著了，楊少爺聽到響動，特地穿著睡衣下的樓來看看，又躡手躡腳回去了——這隱含著楊少爺尊重女性、沒有性侵犯的意識；影片最後，楊少爺為了拯救胡春梅，高聲叫出「吾不惜赴湯蹈火也甘心」的豪言壯語。楊少爺針對這個不幸女僕的人文關懷和行為意識，很有那個時代在新文學作品中已經普及的男女平等思想和自由戀愛的成分與因素〔註 3〕。

《雪中孤雛》的陳舊，在整體上和細節上，其實都是所有舊市民電影通病的體現，譬如布景、情節失眞的地方太多，太假，這也是當時眾多小公司低成本製作、最終擾亂市場的一個體現 [2] P209。譬如影片叫做《雪中孤雛》，但是也許由於片子質量原因，胡春梅出逃這一段起先看起來像在雨中奔跑，但是她和楊少爺卻都沒有打傘；如果說似乎是下雪，卻又還有倒影——最後

〔註 3〕這水平，和現如今許多 21 世紀中國大陸的大製作電影、尤其是高成本、高票房的八卦武俠大片，在思想境界和審美意識層面都有得一拼。

楊少爺終於找到昏倒的春梅的時候，似乎又應該是在雪地裏，因為影片名曰
「雪中孤雛」。但是這些所謂破綻都不重要，編導要營造的就是這樣一種艱難
困苦的情境——舊市民電影和 1930 年代包括左翼電影在內的新電影的一個共
通之處，就是為了理念的傳達而不惜犧牲生活真實。

《雪中孤雛》截圖之二十一、二十二

戊、多餘的話

　　子、《雪中孤雛》中最讓人忍俊不禁的，就是專門讓壞人常少爺擁有一處
帶有鮮明的 SM 色彩的「秘密機關」，這個超豪華建築顯然假得厲害，居然安
排在荒山野嶺。這很容易讓人想到中國古典小說「三言」「二拍」中，那些專
幹男女壞事的花和尚在寺廟地下建造的巨大的秘密花園。

《雪中孤雛》截圖之二十三、二十四

　　丑、影片副導演兼女主演吳素馨，其英文名字被翻譯成 White Rose Woo！
端的是形神兼備，頗得「信、達、雅」境界，令人對舊市民電影從業人員的

中西文化素養肅然起敬〔註4〕。

《雪中孤雛》截圖之二十五、二十六

初稿時間：2007 年 1 月 3 日

初稿錄入：方捷新

二稿校改：2007 年 1 月 22 日

三稿改定：2007 年 11 月 27 日

四稿修訂：2014 年 2 月 15 日

參考文獻

〔1〕程季華，中國電影發展史：第 1 卷〔M〕，北京：中國電影出版社，1963。

〔2〕酈蘇元，胡菊彬，中國無聲電影史〔M〕，北京：中國電影出版社，1996。

〔3〕包天笑，釧影樓回憶錄續編·我與電影（上冊）〔M〕，香港：大華出版社，1973//范伯群，「電戲」的最初輸入與中國早期影壇──爲中國電影百年紀念而作〔J〕，江蘇大學學報（社會科學版），2005（5）：1～7。

〔註4〕除了專業鏈接 2：和專業鏈接 3：，以及戊、多餘的話之外，本章的文字部分（約 5600 字），在收入《黑白膠片的文化時態──1922～1936 年中國早期電影現存文本讀解》之前，曾以《〈雪中孤雛〉：新時代中的舊道德，老做派中的新景象──1920 年代末期中國舊市民電影個案分析之一》爲題，發表於《淮南師範學院學報》2009 年第 1 期（雙月刊）；此次收入本書時，除了將成書版和雜誌版的閱讀指要：合併外，又將後者中的少許字句移入。特此申明。

第柒章　陳舊依舊，依舊綠肥紅瘦——
《兒子英雄》(《怕老婆》，1929 年)：
舊市民電影及其個案讀解之七

閱讀指要：

　　從表演上來看，打鬥、噱頭、鬧劇、搞笑、婚外戀和深山探寶，各種舊市民電影的常備要素都在《兒子英雄》中配置到位。如果說，影片的前半段走的還是喜劇路線的話，到了後面就是明顯模仿外國電影的兇殺和打鬥場面，現在看來實在沒什麼觀賞價值。形成《兒子英雄》的文化生態背景，是在 20 世紀初期以市民文學為代表的舊文學，以及以城市下層民眾為代表的大眾群體在舊文學、舊文藝層面上的文化認知和審美認同；相對於新世紀（20 世紀）而言，傳統的舊文藝理念，與傳統的、舊有的戲劇戲曲審美心理模式，在電影的新形式中得以從容整合。

關鍵詞：舊文學、舊文藝；新文學；舊市民電影；受眾群體；

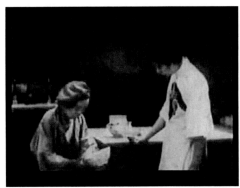

《兒子英雄》截圖之一、二

專業鏈接 1：《兒子英雄》(又名《怕老婆》，故事片，黑白，無聲)，上海長城
　　　　畫片公司 1929 年出品。VCD(單碟)，時長：71 分 11 秒。

　　》》》**編劇**：陳趾青；**導演**：楊小仲；**攝影**：李文光。

　　》》》**主演**：張哲德(飾演兒子阿根)、劉繼群(飾演爹爹胡元)、
　　　　　　許靜珍(飾演後媽)、洪警鈴(飾演後媽的情夫長興)、
　　　　　　高威廉(飾演瘸腿老人)。

專業鏈接 2：原片片頭及演職員表字幕

上海長城畫片公司出品

怕老婆

又名兒子英雄

POOR　DADDY

PRODUCED　BY

THE GREAT WALL FILM COMPANY

SHANGHAI

編劇：陳趾青　Scenario　byC.C.Chen

導演：楊小仲　Directed　byDumas　Young

攝影：李文光　Photography byT.K.Lee

美術：萬古蟾　Art　DirectorJames　Wan

置景：萬滌寰　朱容止　Settings byIrving Wan，　G.S.Gree

書幕：張匯元　蘇鈕雲　Art　LetteringH.Y.Chang, S.C.Soo

翻譯：孫瑜　English　TitlesC.Y.Sun

演員表：

阿根 ⋯⋯⋯ 張哲德

胡元 ⋯⋯⋯ 劉繼群

其妻 ⋯⋯⋯ 許靜珍

長興 ⋯⋯⋯ 高威廉

李成 ⋯⋯⋯ 洪警鈴

富少年 ⋯⋯ 賀志剛

其妻 ⋯⋯⋯ 何梅影

巡長 ⋯⋯⋯ 王正卿

專業鏈接 3：影片鏡頭統計

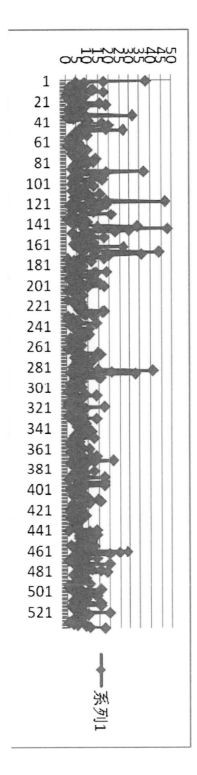

說明：《兒子英雄》全片時長 71 分 11 秒，共 537 個鏡頭。其中：

甲、小於和等於 5 秒的鏡頭 231 個，大於 5 秒、小於和等於 10 秒的鏡頭 190 個，大於 10 秒、小於和等於 15 秒的鏡頭 61 個，大於 15 秒、小於和等於 20 秒的鏡頭 35 個，大於 20 秒、小於和等於 25 秒的鏡頭 6 個，大於 25 秒、小於和等於 30 秒的鏡頭 4 個，大於 30 秒、小於和等於 35 秒的鏡頭 3 個，大於 35 秒、小於和等於 40 秒的鏡頭 3 個，大於 40 秒、小於和等於 45 秒的鏡頭 2 個，大於 45 秒、小於和等於 50 秒的鏡頭 2 個，大於 50 秒的鏡頭 0 個。

乙、片頭鏡頭 1 個；字幕鏡頭 95 個，其中，交代劇情的鏡頭 8 個，演職員鏡頭 9 個，對話鏡頭 78 個。

丙、固定鏡頭 427 個；運動鏡頭 14 個。

丁、遠景鏡頭 41 個，全景鏡頭 74 個，中景鏡頭 112 個，中近景鏡頭 26 個，近景鏡頭 166 個，特寫鏡頭 22 個。

（數據統計與圖表製作：鍾端梧；核實：李櫐雄）

專業鏈接 4：影片觀賞推薦指數：★☆☆☆☆

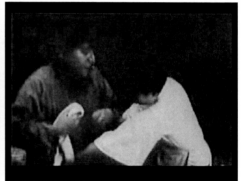

《兒子英雄》截圖之三、四

甲、前面的話

現存的、公眾能看到的中國 1920 年代的電影，總數不超過 10 部，計有，明星影片公司的《勞工之愛情》（即《擲果緣》，1922 年出品），民新影片公司的《海角詩人》（殘本，1927 年出品）和《西廂記》（殘本，1927 年出品），大中華百合影片公司的《情海重吻》（1928 年出品），華劇影片公司的《雪中孤雛》（1929 年出品）和《女俠白玫瑰》（殘片，1929 年出品），友聯影片公司的《紅俠》（1929 年出品），屬於長城畫片公司名下的有 2 個，即 1925 年出品的《一串珍珠》和 1929 年出品的《兒子英雄》（又名《怕老婆》）。僅從名字上看，這

最後一個作品就符合對舊市民電影一般性的直覺判斷，實際上也正是如此。

　　中國電影從所謂 1905 年產生之時 [1] P13~14，在其後的幾十年間，電影不僅一直屬於市民文化的範疇，而且，在 1932 年左翼電影出現之前，還一直屬於中下層市民的低端文化消費領域。左翼電影出現之後，面對時代的變遷和激烈地市場競爭，舊市民電影在整合諸多左翼電影元素的基礎上，積極引進借用新的電影有聲技術，演變爲新市民電影。1920 年代既是舊市民電影的高峰期，同時也自然是從 1910 年代以來舊文學、舊文藝所構成的舊文化生態背景下的衍生物。

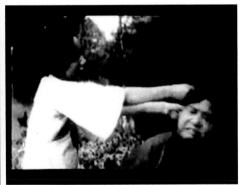

《兒子英雄》截圖之五、六

乙、同一時代，但卻新舊面貌不同的中國文學和中國電影

　　我把中國 1920 年代的電影定義爲「舊市民電影」，因爲它們是 1910～1920 年代中國舊文學、舊文藝範疇之內的衍生物，即無聲版的電子影像產品（無聲片/默片）。

　　1917 年和 1918 年，中國新文學的理論綱領和經典文本已經先後提出和出現 [2] P11，前者標誌著中國古典文學的終結 [3] P1，後者開始確立其影響社會意識形態的主流文學地位。但是同時代的其他藝術種類，譬如電影和戲劇，卻沒有進入到能和新文學與新文藝比肩的新時代——尤其是電影。世界電影誕生於 1895 年，1 年以後就進入中國，10 年後，以北京豐泰照相館老闆任景豐爲京劇《定軍山》片段拍攝的影片片段爲標誌，所謂中國國產電影誕生 [4] P14；1913 年，中國第一批短故事片幾乎同時在上海和香港出現（即分別是由鄭正秋、張石川編導，亞細亞影戲公司出品的《難夫難妻》，和黎民偉編劇主演、以華美影片公司名義出品的《莊子試妻》）；1916 年，張石川和管海峰導演、

幻仙影片公司根據同名舞臺劇《黑籍冤魂》改編攝製的故事片在社會上引起很大反響，取得空前成功 [5] P17~24。

　　進入 1920 年代，以《閻瑞生》（中國影戲研究社出品）、《海誓》（上海影戲公司出品）和《紅粉骷髏》（新亞影片公司出品）為代表的第一批國產長故事片都在 1921 年完成，並在不同程度上產生社會影響 [6] P43。其中，取材於高級白領謀財害命案件的《閻瑞生》，獲得極其豐厚的票房回報 [7] P45。由於電影從最初進入中國，到國產第一批（長、短）故事片的出現，其行進和影響都是集中在香港、上海，以及天津、武漢這樣的大城市 [8]，並且首先是在城市下層民眾中普及；再加上 1910 年代的電影編導絕大部分是舊知識分子和舊買辦出身，因此，就決定了此一時期作為新藝術載體——電影的雙重陳舊特性：在 20 世紀初期以市民文學為代表的舊文學，和以城市下層民眾為代表的觀眾群體，在市民文化的認知層面合謀同流；相對於新世紀（20 世紀）而言，傳統的舊文藝理念和傳統的、舊有的戲劇戲曲審美心理模式，在電影的新形式中從容整合。

　　所以，在 1920 年代，雖然有相當數量的、接受過西方現代資產階級的新知識分子加入電影行業——譬如，由有留美經歷人士創辦的大中華影片公司（1924）、長城畫片公司（1924－1930），以及由留法學生創辦的神州影片公司（1925～1927）的出現 [9] P76~90——但在電影製作上，依然不能跳出舊有窠臼，另開新風。其中一個重要的原因，就是電影的受眾群體依然沒有本質變化，以新知識分子和青年學生為代表的知識階層和社會中上層人士，幾乎沒有介入和進入電影的創作和相應的文化消費市場。

　　因為，「早期的中國電影尚在幼稚階段，中國的知識分子對它還不感興趣。而上海當時有一些影院是外國電影的『地盤』，知識階層的觀眾常被它們所吸引」[10]。只有到了 1930 年代，這種電影滯後於時代的情形才在上述兩方面發生本質改變，並和新文學一起與世界文學和世界電影接軌。譬如有關抗日題材的電影，由於「和當時的形勢比較結合，觀眾的面也由小市民擴大到學生等知識分子層」[11]。

　　反觀同一時期，從 1917 年開始的中國新文學，無論在思想、主題、題材和表現手法方面，已經迅速進入世界現代文學的範疇，並且快速跟進，日趨成熟 [12] P214，社會影響逐步擴大並且迅猛發展，始終保持和世界文學的同步水平——直到 1937 年 7 月，由於日本發動全面侵略中國的戰爭，才在整體上完全打斷了中國現代化的社會和文化進程，中國電影和文學也因此而遭受慘

重損失，長時間止步不前。

《兒子英雄》截圖之七、八

眾所周知，中國新文學從一開始就站在了很高的起點，並且，有一個很奇怪的特點——先有胡適、陳獨秀等留美留日學生在1917年提倡的新文學理論（《文學改良芻議》、《文學革命論》）的綱領性文件，後有留學日本背景的作家魯迅在1918年文學創作上的實績支撐（《狂人日記》）。新文學很高的理論的起點當年又隨即得到加強：同樣具有留學日本背景的周作人，就直接將新文學提升到了「人道主義」的理論高度（《人的文學》，1918），提倡「人的文學」、表現「人」的生活。到1920年代，新文學在小說、散文、詩歌等方面繼續取得新成就；1930年代，代表中國現代文學最高成就的作家作品就已經奠定了其經典的歷史地位，而且在幾十年後相當長的時期內都保持著沒有被超越的記錄。

因此，1920年代的中國電影就呈現出和時代新文藝不同步的特點，落後於時代發展而屬於舊文藝、舊文化範疇，其本質特徵體現在電影領域就是舊市民電影，它的具體表現就是傳統文化和思想上的「仍就貫」。長城畫片公司1929年出品的《兒子英雄》，就是如此這般的一個低端樣本。

丙、《兒子英雄》：陳舊的人物、主題、題材及其表現形式

《兒子英雄》的主題和題材使用的是舊文藝、尤其是舊小說最熱衷的主題和題材——家庭倫理，而且它體現的價值觀非常陳舊。

這不是一個偶然的現象，長城畫片公司曾在1925年把莫泊桑的小說《項鏈》（1884年）改編成電影《一串珍珠》，它豐富了原作的情節線索，但最終卻確立了一個中國式的思想主題和大團圓結局，直截了當地指出，正是由於

女性的虛榮心才給家庭帶來了毀滅性的後果和災難，所以最後女主人公懺悔地說：「這都是因為我們女人好虛榮」。

《兒子英雄》截圖之九、十

　　1929年的《兒子英雄》在這方面並沒有本質性的改變，那就是迂腐的價值判斷、不公正地對待和表現女性，以及符號化人物形象。譬如純真勇敢的兒子、儒弱好賭但卻善良的父親，以及一個不般配的「後媽」（「繼母」）──這本身就是一個具有濃重的道德指向的稱謂。在影片中，這個年輕女子自始至終集一切不良品質於一身：兇狠、惡毒──對丈夫非打即罵，對孩子更是狠毒，而且還淫蕩──她有一個明目張膽的婚外情人。編導把一切壞品質都安排到這個人物身上，而且到最後也沒見這個女人有所改變。《一串珍珠》至少還讓女主人公悔過自新了一把，雖然她的悔悟和認識依舊錯位、令人忍俊不禁。《兒子英雄》在最後交代說，這「後媽」又「攜其兇焰他往」（字幕），意思是又去尋找下一個受害者去了〔註1〕。

　　1920年代的舊市民電影有一個特點，就是人物的社會身份和社會地位定位模糊。表現在影片中，就是人物的社會身份和現實生活是不搭界的。譬如在《勞工之愛情》中，主人公是一個街頭攤販，但是他的審美趣味、衣著打扮、行為方式絕不是底層民眾所具有的，反倒更像是一個小知識分子，就像《西廂記》裏的張生一樣。

〔註1〕說到這裡，我想人們會注意到，1929年的《兒子英雄》已經達到2002年《英雄》（編劇李馮、導演張藝謀，北京新畫面影業公司出品）的水平了。從1990年代後期開始中國大陸影視界盛行的「清代宮廷戲」，到21世紀初期投入鉅資拍出的幾個電影大片，你會發現技術手段很新，資金雄厚，製作精良，炒做到位，畫面、音響都沒問題，只有一個要命的地方──主題迂腐、思想腐敗。

《兒子英雄》截圖之十一、十二

　　同樣，在《兒子英雄》中，人物的身份也很模糊。照理說男主人公是個農民，但他的鄰居卻像是在城市中的巨商大賈，竟然擁有豪宅並在其中大開盛裝舞會。這哪裏是 1920 年代的中國農村，就是到現在大陸的農村找這樣的鄰居恐怕也得費些氣力。編導之所以如此編排，無非是爲了突出主題的表述而無視生活眞實的犧牲。這與其說是《兒子英雄》的一個缺點，倒不如說是一個特點，而且是所有舊市民電影都可以通用的特點。

　　又譬如賭徒的兒子，大概現在的城市孩子也就那個智力水平，但故事和人物背景卻設置爲當時的農村，場景的設置也是如此，所以現在的觀眾就把握不住這到底是城市還是農村。但編導不關心這個。換言之，當時的觀眾也不關心，因爲觀眾看電影就是消遣娛樂，而且價廉物美。這是底層市民對當時電影最高的需求，也是當時電影製作的一個尺度。因此，《兒子英雄》的舊主題、舊人物、舊題材，就只能導致舊的表現方法的運用。

《兒子英雄》截圖之十三、十四

　　首先是人物的類型化、臉譜化。人物一出場，好與壞一目了然。壞人是

從頭壞到尾。好人也是，不僅人品好，長得也好，譬如胖胖乎乎的爸爸和聰明伶俐的兒子都非常可愛。從相貌表現上來決定人的品質，是中國傳統戲劇戲曲最突出的審美模式和特徵。早期中國電影，尤其是1910～1920年代的舊市民電影，受傳統戲劇戲曲影響很深。因爲它們都屬於視覺藝術，有內在的文化邏輯。這樣固定的審美模式，自然影響著觀眾觀影心理的生成。

《兒子英雄》截圖之十五、十六

其次，從表演上來看，打鬥、噱頭、鬧劇、搞笑、婚外戀和深山探寶，各種舊市民電影的常備要素都在《兒子英雄》中配置到位。如果說，影片的前半段走的還是喜劇路線的話，到了後面就是明顯模仿外國電影的兇殺和打鬥場面。在這裡，模仿同樣也不是一個缺點，也應該說是一個特點。早期中國電影是在外國電影的哺育下成長起來的，這一點是毋庸置疑的，也不涉及什麼愛國與否的問題。

《兒子英雄》截圖之十七、十八

總之，舊市民電影的特徵在1929年的《兒子英雄》中表現得非常突出，現在看來也的確沒什麼觀賞價值。影片一方面體現了1920年代舊市民電影的諸種

特徵，另一方面又是新的電影時代到來的前奏。1929 年處於中國電影由舊向新的過程。舊，指的是中國舊市民電影發展到 1920 年代後期，在 1928 年，以武俠電影爲代表達到頂峰：以明星影片公司根據向愷然武俠小說《江湖奇俠傳》改編的《火燒紅蓮寺》爲標誌，從 1928 年一直拍到 1931 年，連續拍了 18 集〔註2〕。到了 1932 年，武俠電影全面衰落之際，正是新電影——左翼電影出現崛起之時[13]。

《兒子英雄》截圖之十九、二十

己、多餘的話

子、觀眾的構成成份

這一點應當被當作舊市民電影沒落和新電影興起的一個重要的考量指標和製作參數來對待。我之所以將 1910 年代和 1920 年代的中國電影歸類爲舊市民電影，就是因爲它的觀眾構成基本是城市中的中下層市民。因爲，「說到中國早期電影，它純粹是一種市民文藝，是一種都市娛樂。……還是一個文化產業」[14]。

但是進入 1930 年代以後，觀眾以青年知識分子爲主，尤其是在校學生。反過來講，現存的影片，譬如 1931 年的《一剪梅》、《桃花泣血記》和《銀漢雙星》(均爲聯華影業公司出品)〔註3〕，其性質依然是舊市民電影，但電影觀眾中的中下層市民開始被分流。以青年知識分子爲主的觀眾群體開始轉向並擁護左翼電影和新市民電影，而且中下層市民也受到這種感召，也成爲左翼電影和新市民電影的熱情觀賞者。

〔註2〕《火燒紅蓮寺》之於中國電影，最大的一個遺憾可能就是沒有留下一個拷貝，但最大的貢獻應該是拍出了一個影星胡蝶 (1907～1989)。胡蝶雖說從第 2 集才開始出任主演，但卻就此奠定了她在中國電影早期歷史上的明星地位——這也與她後來能緊跟著時代潮流、在 1933 年後大演摻雜左翼電影元素的新市民電影有關。
〔註3〕對這三部的影片的討論，請參閱本書後面的章節。

丑、《兒子英雄》(《怕老婆》) 觀後感

現在再看這個片子，感覺很像是看1950年代以來的香港電影。實際上，在主題選擇、題材處理、表演方式、審美趣味和結構設置上，香港電影都直接承接了中國電影1920～1930年代形成的藝術和製作風格。因爲從電影史的發展來看，從1937年7月抗戰一開始，中國電影的一些重要的編、導、演就轉移到了香港。1941年年底香港淪陷前後，他們中的一些人又回到大陸。

1945年抗戰結束後，這些人剛要在大陸發展，國共內戰開始（1947～1949）。於是許多人又回流香港。這樣，在客觀上就爲香港電影後來的崛起、取代上海，成爲亞洲新的電影生產和藝術中心打下一個穩固的基礎，而且在思想、文化和審美追求上與同時期的大陸電影迥異。譬如，無論什麼式樣、什麼題材或什麼年代的香港電影，包括你死我活的武打黑幫片，總是有川流不息的吃飯場景，動不動就說「我們吃點東西吧！」

而從1949年一直到1990年代的大陸電影，稍加注意你就會發現，幾乎從不出現類似認眞吃飯的細節或場景，電影中的人物總是忙於打仗或生產，基本上沒有生活化的描述。這不很有意思嗎？原因很多，我會在「1949～1979年的中國大陸電影專題研究」一書中詳加探討並給出結論〔註4〕。

《兒子英雄》截圖之二十一、二十二

〔註4〕除了專業鏈接2：和專業鏈接3：，以及己、多餘的話中的丑、之外，本章的文字部分（約5200字），在收入《黑白膠片的文化時態──1922～1936年中國早期電影現存文本讀解》之前，曾以《上世紀20年代舊文化生態背景下的舊市民電影──以1929年出品的〈兒子英雄〉爲例》爲題，發表於《汕頭大學學報》2009年第5期（廣東，雙月刊）；此次收入本書時，除了將成書版和雜誌版的閱讀指要：合併外，又將後者中的少許段落、語句與參考文獻：之〔8〕〔10〕〔11〕〔13〕等一併移入。特此申明。

初稿時間：2003 年 10 月 22 日

初稿謄錄：陳玉鵬

二稿時間：2006 年 11 月 13 日

二稿錄入：祿麗榮

三稿校改：2007 年 1 月 25 日

四稿改定：2007 年 11 月 27 日

五稿修訂：2014 年 2 月 16 日

參考文獻

〔1〕程季華，中國電影發展史：第 1 卷〔M〕，北京：中國電影出版社，1963。

〔2〕錢理群，吳福輝，溫儒敏，中國現代文學三十年（修訂本）〔M〕，北京：北京大學出版社，1998。

〔3〕錢理群，吳福輝，溫儒敏，中國現代文學三十年（修訂本）〔M〕，北京：北京大學出版社，1998。

〔4〕程季華，中國電影發展史：第 1 卷〔M〕，北京：中國電影出版社，1963。

〔5〕程季華，中國電影發展史：第 1 卷〔M〕，北京：中國電影出版社，1963。

〔6〕程季華，中國電影發展史：第 1 卷〔M〕，北京：中國電影出版社，1963。

〔7〕程季華，中國電影發展史：第 1 卷〔M〕，北京：中國電影出版社，1963。

〔8〕陸茂清，我國首部長故事片《閻瑞生》誕生記〔N〕，上海灘，2008（9）//北京：作家文摘，2004-10-12（3）。

〔9〕程季華，中國電影發展史：第 1 卷〔M〕，北京：中國電影出版社，1963。

〔10〕范伯群，「電戲」的最初輸入與中國早期影壇——爲中國電影百年紀念而作〔J〕，江蘇大學學報（社會科學版），2005（5）：1～7。

〔11〕胡蝶，胡蝶回憶錄（內部發行）〔M〕，劉慧琴，整理，北京：新華出版社，1987：23。

〔12〕錢理群，吳福輝，溫儒敏，中國現代文學三十年（修訂本）〔M〕，北京：北京大學出版社，1998。

〔13〕袁慶豐，《野玫瑰》：從舊市民電影向左翼電影的過渡——現存中國早期左翼電影樣本讀解之一〔M〕//文學評論叢刊（第 11 卷第 1 期），南京：南京大學出版社，2008：214～220。

〔14〕范伯群，「電戲」的最初輸入與中國早期影壇——為中國電影百年紀念而作〔J〕，江蘇大學學報（社會科學版），2005（5）：1～7。

第捌章　舊市民電影的題材、主題、藝術範式和文化資源的主要特徵——以友聯影片公司 1929 年出品的情色武俠片《紅俠》爲例

閱讀指要：

　　從 1905 年中國電影誕生，到 1932 年左翼電影出現之前，這 28 年屬於舊市民電影時代，因爲其題材、主題大多局限於戀愛、婚姻、家庭，所依託的文化資源是舊文藝和舊文學。1920 年代末期出現、並於 1930 年代初期退潮的神怪武俠片，同樣屬於舊市民電影的範疇，因爲它的藝術範式、苦情戲設置和情色元素配置都符合舊市民電影的總體特徵。1929 年出品，大陸 2012 年才公映的《紅俠》就是一個新的例證。只不過，由於影片中情色元素配置的比例相當之大，似乎更應該被視爲情色片而不是簡單歸於武俠片了事。

關鍵詞：早期中國電影；舊市民電影；文化資源；武俠片；《紅俠》；情色；

《紅俠》截圖之一、二

專業鏈接 1：《紅俠》（故事片，黑白，無聲），友聯影片公司 1929 年出品。DVD
視頻時長：92 分 03 秒。

　　》》》**導演**：文逸民；**副導演**：尙冠武；**攝影**：姚士泉；

　　》》》**主演**：范雪朋（飾演紅俠芸姑）、文逸民（飾演芸姑的表哥
文仲哲）、瞿一峰（飾演芸姑的師父白猿老人）、徐國
輝（飾演紳士謝錦章）、王楚琴（飾演謝錦章的女兒
瓊兒）、尙冠武（飾演亂軍首領金志滿）。

專業鏈接 2：原片片頭及演職員表字幕

　　紅俠　　RED HEROINE

　　導演：文逸民　　Directed by Wen Yi Ming

　　副導演：尙冠武　　Assistant Directed：K.W.Gan

　　攝影：姚士泉　　Photograph By Lincoin Yao

　　置景：陳楠嵒　　Settings By Mager Chen

　　說明：徐碧波　　Chinese Titles By P.P.HOU

　　翻譯：陳少敏　　Translate by Shaomin Chen

　　美術：胡旭光　　Art director S.K Wu

　　主演：范雪朋　　Staring by Van Shin Bong

　　桑村貧家女子芸姑：范雪朋飾

　　Yun Ko, a girl of the poor family in San Tsun.　　Van Shin Bong

　　謝錦章係桑村殷實紳士：徐國輝飾

　　Tsia Ching Chang, a rich gentry of San Tsun.　　Hsu Ko Hui

其女瓊兒：王楚琴飾　　His daughter Ching Erh.　　Wang Chu Ching

男傭阿保：陳梅喦飾　　An Pao, the servant.　　Mayor,Chen.

文仲哲，為窮乏而有氣骨之書生：文逸民飾

Wen Chong Che, a poor scholar of high purposes. Wen Yin Ming.

西軍統領：趙泰山飾

The commander of the Western army.　　Chow Tai San

西軍將軍金志曼滿：尚冠武飾

The commander inchieif of the Western army.（Chiny Che）

San Kwan Wu.

待衞長：朱少泉飾　　The chief of bodyguard.　　Chu Sao Chuan.

白猿老人：瞿一峰飾　　White monkey, an old hermit.　　Jui Yin Fong

鏈接 3：影片鏡頭統計

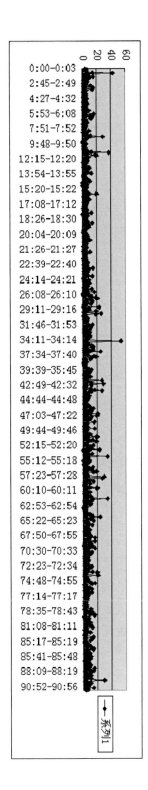

說明：《紅俠》全片時長 91 分 25 秒，共 825 個鏡頭。其中：

甲、小於和等於 5 秒的鏡頭 482 個，大於 5 秒、小於和等於 10 秒的鏡頭 232 個，大於 10 秒、小於和等於 15 秒的鏡頭 68 個，大於 15 秒、小於等於 20 秒的鏡頭 26 個，大於 20 秒、小於和等於 25 秒的鏡頭 5 個，大於 25 秒、小於和等於 30 秒的鏡頭 7 個，大於 30 秒、小於和等於 35 秒的鏡頭 2 個，大於 35 秒、小於和等於 40 秒的鏡頭 1 個，大於 40 秒、小於和等於 45 秒的鏡頭 1 個，大於 45 秒、小於和等於 50 秒的鏡頭 0 個，大於 50 秒、小於和等於 55 秒的鏡頭 1 個，大於 55 秒的鏡頭 0 個。

乙、片頭鏡頭 5 個，片尾鏡頭 1 個；字幕鏡頭 160 個，其中，交代劇情的鏡頭 28 個，交代人物鏡頭 6 個，對話鏡頭 126 個。

丙、固定鏡頭 651 個；運動鏡頭 8 個。

丁、遠景鏡頭 32 個，全景鏡頭 321 個，中景鏡頭 241 個，中近景鏡頭 4 個，近景鏡頭 40 個，特寫鏡頭 21 個。

（數據統計與圖表製作：喬潔瓊；核實：李棗雄）

鏈接 4：現今影片觀賞指數（個人推薦）：★★★☆☆

《紅俠》截圖之三、四

甲、前面的話

1949 年之後大陸的中國電影史研究都承認，1930 年代初期，中國電影即有新、舊之別；只不過，1990 年代之前的研究，對新電影只承認或只提及左翼電影 [1] P183，1990 年代以後則把新電影稱爲「新興電影」（運動）[2] P57 [3] P41 [4] P51，或「新生電影（運動）」[5] P145。其實，1930 年代的電影研究者，就已經把新電影稱爲「新興電影」[6]——也有人稱之爲「復興」的「土著電影」[7]。

這些指稱的沿革或襲用不甚重要，重要的是，新電影中不僅僅是指左翼電影；或者說，左翼電影並非新電影的全部內容；因爲，與左翼電影幾乎同時出現的，還有性質與之不同的新市民電影 [8]，其代表作是有聲片時代的第

一部高票房電影《姊妹花》（1933）[9]。而與新電影相區別的舊電影，即從 1905 年中國電影誕生到 1932 年左翼電影出現，這 28 年的中國電影和時代，全是舊市民電影，是舊市民電影時代[10]。

　　換言之，在這一時期出現的或現今發現的電影，無一不屬於舊市民電影的範疇；之後的中國電影，一定是新電影，只不過類型不同，或者說，「新」的性質有所不同而已。對這些問題及其結合具體文本的討論，均收入我的兩本專著之中，讀者盡可以審閱批判[11][12]。這裡，我結合新近公映的、友聯影片公司 1929 年出品的武俠片《紅俠》，再談談舊市民電影的諸種特徵及其主要體現範式。

《紅俠》截圖之五、六

乙、舊市民電影的題材、主題、藝術範式和文化資源

　　舊市民電影是中國電影 1932 年之前唯一的電影類型，或者說是唯一的電影面貌，它同時也是早期中國電影的鼎盛時代之一。而對舊市民電影的界定，可以從以下幾個方面入手。

子、題材

　　1920 年代的舊市民電影一般以婚姻、家庭，包括青年男女的戀愛作爲它的主要題材，到了 1920 年代末期，又將武俠片包括進去。就現存的、公眾可以看到的 9 部影片而言，1922 年的《勞工之愛情》（明星影片公司出品），就像影片的另一個片名《擲果緣》昭示的那樣，演繹了一齣街頭男女攤販最終喜結良緣的喜劇；1925 年的《一串珍珠》（長城畫片公司出品），講的是家庭倫理、夫婦之道；1927 年的《西廂記》（民新影片公司出品）是古典戲曲的翻拍，重溫張生和崔瑩瑩的愛情傳奇；同年，同樣由侯曜導演的《海角詩人》（民新影片公司出品）講的是現代男女生死戀；1928 年的《情海重吻》（大中華百

合影片公司出品），它的英文片名就叫 Don't Change your husband，我把它譯成《紅杏莫出牆》，講的是丈夫如何以愛心擊敗男小三的故事；1929 年的《雪中孤雛》（華劇影片公司出品）講一個逃避包辦婚姻的好女人，被一個好心的富家少爺營救；長城畫片公司的《兒子英雄》（1929 年出品），講壞老婆兼惡毒的後媽虐待好丈夫和好兒子，結果自我放逐。

1920 年代末期武俠片興起，現存的影片，有友聯影片公司 1929 年出品的《紅俠》、華劇影片公司 1929 年出品的《女俠白玫瑰》，以及友聯影片公司 1930年出品的《荒江女俠》等。這三部影片的拷貝收藏在北京的中國電影資料館中，並不對外開放公映，但這並不影響其屬於舊市民電影的特徵和歸屬。

舊市民電影的生產一直持續到 1930 年代初期，然後，隨著武俠片的衰落，一起被包括左翼電影在內的新電影替代。現存的、公眾可以看到的舊市民電影，有 1931 年的《銀幕豔史》（明星影片公司出品），影片的女主人公雖說是女明星，但題材仍然不出戀愛婚姻範圍。

聯華影業公司這一年出品的片子，現在還有 4 個可以看到：《戀愛與義務》，片名本身就說明了其題材的特徵，而且影片的倫理性更加純正；《一剪梅》則相對輕鬆，三個美女和三個帥哥演的是一場對手群戲，這是迄今為止中國早期電影史上少見的「玉女軍裝戲」，阮玲玉、林楚楚和陳燕燕變身為揚刀策馬的女軍官，真正風頭無兩；金焰和阮玲玉主演的《桃花泣血記》，演繹的依然有錢的少爺和貧家美女露水姻緣的老故事；如果說，《銀幕豔史》的故事發生在女明星和男影迷之間，那麼，《銀漢雙星》中的愛情發生在導演和他自己栽培的女明星之間，自然也免不了癡男怨女一見鍾情的老套：男的遵從「父母之命」回家完婚，女的悲痛萬分、「不知所終」（語出劇本）。

《紅俠》截圖之七、八

　　由此可見，舊市民電影的題材最主要的特徵，就是家庭、婚姻、戀愛，它們與家庭倫理道德的灌輸相伴始終。即使是「武俠電影」，其實也可以看作是家庭、婚姻、戀愛題材的延伸，在展示「除暴安良」的暴力正義的同時，沒有離開其傳統題材的道德約束。道理很簡單，舊市民電影不論它是愛情片還是武俠片，它的題材向來是與主題密切相關的。換言之，在舊市民電影的主題範疇內，則無論「愛情」還是「武俠」，都要受制於它的倫理規範。

丑、主題

　　舊市民電影的主題，基本上是傳統文化及其倫理綱常、道德理念的圖像化和通俗化闡釋，或者說，是相對於「新文學」和「新文化」的通俗文學和大眾文化的電子影像版[13][14]。

　　首先，是男權至上的理念。如果說舊市民電影有所批判，那麼就性別來說，批判對象更多地指向於處於弱勢的女性。譬如《情海重吻》，妻子先是與人偷情，後來乾脆離婚嫁給情人，到最後又被拋棄，灰頭土臉回到原來的丈夫身邊，感覺到羞恥又去跳海。做丈夫始終忍辱負重，並沒有責罵女方，但編導的指斥一目了然。之前的《一串珍珠》，則將法國莫泊桑的短篇小說，改編成一個中國式的家庭婚姻和倫理道德的說教版本。貫穿影片的一個理念就是女人是「好虛榮的」，正因爲女人好虛榮，所以她不僅毀了自己，還毀了家庭；只有女人拋棄這種虛榮心，家庭和個人才能夠得以救贖，才能夠過上幸福的生活——這個道理甚至連女主人公自己也心甘情願地承認。

《紅俠》截圖之九、十

　　其次，舊市民電影在主題思想上強調的，是傳統的家庭倫理道德理念不可更張。譬如，父母之命不可違，媒妁之言要尊重。現存的、最早的《勞工之愛情》就是如此，男女雙方生發的是所謂的自由戀愛，而且一個賣瓜，一

個縫衣服，社會地位等各方面條件都比較般配。但即便如此，一旦涉及婚姻，也必須經過父母大人的認可，否則就是死路一條。1931 年的《桃花泣血記》就是這樣的反面例證：男女主人公青梅竹馬、傾心相愛，但因爲得不到男方家庭的認可，即使是有孕在身也不行，所以必須安排女主人公死掉。這樣的編排，看上去是讓男的失去了妻子，女兒失去了母親，但小家庭的缺失，換來的是社會道德和宗族倫理的圓滿和維護。

第三，由於舊市民電影維護和宣揚的是傳統的倫理道德，因此它對社會現實的滿意度相對較高，批判程度相對較低；而但凡有社會批判，它又往往指向新人物和新事物。譬如《情海重吻》當中，那個不務正業、到處勾引女人、破壞別人家庭生活的，竟然是一個接受著新式教育的大學生。單就這一點來看，倒可以看出舊市民電影的「舊」來。因爲在 1920 年代的新文學作品中，對「戀愛自由」的鼓吹和歌頌，實在是所在多見並且對此持肯定態度。只有少數作家如魯迅，能夠從這些新人物的新事體上發現「舊」（老）問題。譬如他 1925 年發表的小說《傷逝》，揭示的就是「人必生活著，愛才有所附麗」的古老命題。但是同時期的電影當中，對這類所謂新潮男女和新潮的人和事是給以否定和批判的，譬如《銀漢雙星》。看上去，影片中的電影導演與女主人公搞的是自由戀愛，但這種「自由」和「戀愛」是違背婚姻倫理道德的，因爲男方是已婚之身。換言之，這種不道德的事情，也只有具有新思想的新派男女才能幹得出來。因此，舊市民電影中的新派人物的新派行爲，其實不守傳統道德的現象和結果，結果成爲被批判的、被醜化的對象。

寅、藝術範式

僅就現存的、公眾可以看到的 9 個影片而言，其藝術範式都是相似或相同的──即使以後再發掘和公映這一時期的影片，我也不相信它們會有所突破，至多會是大同小異。

第一、噱頭與打鬥。以現存最早的《勞工之愛情》來說，影片最大的看點其實是打鬥和噱頭。前者指的是鄭木匠樓上夜總會裏，白相人爭風吃醋後的打鬧，後者是鄭木匠發揮專業特長，設置了一個活動樓梯把那幫鳥男女逐個摔將下來的場面。事實上，檢索電影史所記載的篇目就會發現，在 1910 年代，很多電影就是單純地將這種打鬥和噱頭擺拍下來，供大眾賞玩和娛樂。到了 1920 年代，打鬥戲也沒有妨礙影片的家庭倫理主題，或者說，依然是影片的一大賣點。譬如《一串珍珠》中男主角和男配角與小偷的廝打；實景拍

攝的《西廂記》中，無論是單打獨鬥，還是大規模的群毆（戰鬥）場面，都已經登峰造極；《雪中孤雛》當中，男主人公深入淫窟，勇鬥群賊。1931 年的《一剪梅》中，俠客和軍人無不大打出手；《桃花泣血記》中，也有女主人公的父親與偷牛賊的打鬥群戲。這些，均是編導的刻意安排。

　　第二、苦情戲。就現存的、公眾可以看到的影片而言，《一串珍珠》把苦情戲的設置推入到心理層面並給予非常細膩的表達，譬如女主人公對自己虛榮心的反省——這個，可以看作是苦情戲的文戲路數。如果多從外在行爲上下功夫，那就是苦情戲的武戲了。譬如《雪中孤雛》，女主人公在婆家時被二婆婆虐待，到了楊老爺家，又被二小姐打罵，被擄到深山，還要受歹人把毒龍放到身上的恐嚇。就人物關係的鋪設上說，苦情戲做得最足的是《桃花泣血記》：女主人公老媽病死，老爹被壞人打瞎了眼，嗷嗷待哺的嬰兒還未滿月，自己就哀怨地死在愛人懷裏。

《紅俠》截圖之十一、十二

　　第三、情色元素。現存的、公眾可以看到的 1922～1931 年的 9 個影片，有情色元素的鏡頭雖然稀少，但也足以體現早期電影的此種特徵。譬如《桃花泣血記》當中，男女主人公到街上去看「西洋景」的時候，就有一個女體背裸鏡頭。由此可以推斷，類似元素在舊市民電影當中是廣泛存在的。因爲當時的許多影片拍攝，不過是「到旅館裏開一間面南的房間，把演員帶了去化妝，對光開拍……雇用幾個模特，表演一點曲線美」[15]。朝南的房間自然光線最好，所謂曲線美的表演，就是情色電影。

　　在這 9 個影片中，情色元素或者說情色的表達，還有另外一種表現形式，那就是《一剪梅》中的「玉女軍裝秀」。阮玲玉身著軍裝，戴大簷帽、足蹬長筒馬靴，跨刀騎馬的造型，不僅打破了人們以往印象中阮玲玉從來是一襲旗袍的心理預期，而且觀賞效果實在是性感非常。而林楚楚的雍容華貴、陳燕

燕的清純靚麗，也同樣都被軍衣馬褲的襯托下別具風情〔註1〕。

《紅俠》截圖之十三、十四

　　總的來說，上述藝術範式或曰結構性元素，在1930年代初期，都被新電影繼承和發揚——唯一的區別是，新電影中的左翼電影和新市民電影的繼承和發揚，點與面有所不同〔註2〕。

〔註1〕這是情色的一種表現形式，也就是著衣的情色。一般來說，著衣的情色及其表現比單純的裸體展示和表現更富有文化內涵、更具備審美特質，因為它將色情和非色情的邊界和交集地帶處理得更為曖昧、更有利於審美想像的拓展，從而形成事實上程度更深的情色或色情藝術表達。

〔註2〕對比1930年代的國產新、舊電影，我發現一個很有趣的現象。那就是，左翼電影對舊市民電影的情色元素繼承得更多，新市民電影反倒繼承得相對較少。譬如，在左翼電影中，無論是阮玲玉，還是王人美、黎莉莉，不無情色的大腿鏡頭和肢體表現相當驚人。《新女性》（1934）、《神女》（1934）中的阮玲玉，《野玫瑰》中的王人美，絲襪、美腿、高跟，風情無限。而《火山情血》（1932）、《天明》（1933）、《小玩意》（1933）、《體育皇后》（1934）、《大路》（1934）中的黎莉莉，除了絲襪腿高跟鞋，更有更大膽出位的健美軀體表現，主要是大腿。有意思的是，與左翼電影幾乎同時期的新市民電影，居然對舊市民電影的情色元素繼承較少，其比例基本上與噱頭和鬧劇持平。這裡的原因是什麼，我一時還沒有想清楚。

此外，從現有的影像資料可以看出，從1920年代到1930年代，女性的身體美只強調全身的曲線，而不在於調胸、臀部位，它基本不強調胸。1940年代，可能與好萊塢為代表的歐美文化的影響有關，中國民眾對女性軀體的審美和視覺消費模式開始發生變化，在依然重視全身曲線的前提下，開始凸顯胸部。有意思的是，在中國大陸的六、七十年代，女性之美既不強調胸，更不敢強調臀，只剩下臉。到文革時期，連臉都不敢強調了，或者說女人連臉都不要了，要的是中性之美。這個，只要看看那個時候的樣板戲和樣板電影你就明白了，個個都是濃眉大眼、黑紅的臉膛；即便是頭髮也得繫成馬尾狀的一束，乍看上去跟男人沒什麼區別。生活中，女生基本上都是有意識的束胸，絕不敢露胸，但凡有哪個敢不這樣做，那就成了流氓了。到了八十年代，則全面回潮……，直到今天。今天，無不以胸大為美。

卯、文化資源

在我看來，舊市民電影所依賴和生發的文化資源是舊文藝、舊文學、舊文化，它正好和新文藝、新文學和新文化相對。這個論斷可以通過統計數據加以驗證：從 1921 年到 1931 年的 11 年間，國產影片一共有 650 部左右，其中絕大部分「都是由鴛鴦蝴蝶派文人參加製作，影片的內容也多爲鴛鴦蝴蝶派文學的翻版」[16] P56。事實上，就現今公眾能看到的這 9 個電影而言，除了《一串珍珠》基本上改編自外國文學作品外，剩下的都可以當舊小說來讀。這就是爲什麼從 1905 年到 1930 年代初期，中國國產電影都可以被稱爲舊市民電影的原因。而此後的電影之所以是新電影，就是因爲它所依賴和取用的文化資源，包括文學資源，主要來自於新文化和新文學，更不用說有大批從新式學校畢業的人員——包括大批「海歸」——加入編、導、演行列。

《紅俠》截圖之十五、十六

舊市民電影文化資源的第二個方面，體現在對武俠神怪片的偏愛和重視上。據統計，從 1928 年武俠片熱潮興起，到 1931 年趨於落潮，上海有大小 50 家左右的電影公司，「共拍攝了近 400 部影片，其中武俠神怪片竟有 250 部左右，約占全部出品的百分之六十強」[17] P133。這些影片大致可以分爲以下幾種：

一是「火燒片」系列，以明星公司 1928 年拍攝的《火燒紅蓮寺》（前後一共 18 集）爲代表，其它如《火燒青龍寺》（暨南影片公司 1929 年出品）、《火燒百花臺》（上下集，天一影片公司 1929 年出品）、《火燒劍峰寨》（錫藩影片公司 1929 年出品）、《火燒九龍山》（大中華百合影片公司 1929 年出品）、《火燒平陽城》（7 集，昌明影片公司 1929 年出品）、《火燒七星樓》（7 集，復旦影片公司 1930 年出品）、《火燒白雀寺》（暨南影片公司 1930 年出品），以及《火燒靈隱寺》、《火燒韓家莊》、《火燒白蓮庵》等[18] P133。

　　二是「女俠片」，以友聯影片公司拍攝的《荒江女俠》（前後一共 13 集）
爲代表，其它如《兒女英雄》（5 集）、《女俠紅蝴蝶》（4 集）、《紅俠》；還有
月明影片公司拍攝的《女鏢師》（6 集），華劇影片公司的《白玫瑰》（《女俠白
玫瑰》）、《白芙蓉》、《萬俠之王》等。第三，是「鬼戲」，包括神怪片和驚悚
片，前者以天一影片公司 1927 年出品的《唐皇遊地府》爲代表，後者以上海
影戲公司 1928 年出品的《萬丈魔》、《金剛鑽》爲代表。值得注意的是，這些
武俠片都有半裸或全裸的情色鏡頭[19] P135。

　　武俠神怪片之所以成爲舊市民電影的一個重要組成部分，或者說，武俠
神怪片屬於舊市民電影的範疇，是因爲武俠神怪片所依據的藍本大多來自武
俠小說，而武俠小說歷來就是大眾文藝或曰通俗文化的重要組成部分。正因
如此，它才一直與精英文化或廟堂文學有所區別乃至對立；進而，又在 1910
年代中後期新文化和新文學出現後，仍然留存於所謂舊文藝、舊文化和舊文
學的框架內。而武俠小說的讀者群，擴大一點說，通俗文藝的觀賞者和舊文
化擁躉者，自然就會成爲舊市民電影的觀眾群體，甚至是中堅力量或曰鐵杆
粉絲。事實上，一直到 1930 年代初期，以武俠小說爲代表的通俗文學的社
會覆蓋面相當龐大，新文學「這時也開始認識到，自己遠沒有掌握大眾讀者」
[20] P337～338。

《紅俠》截圖之十七、十八

丙、《紅俠》所體現的舊市民電影特徵

　　《紅俠》的故事情節大致上並無新意，基本上遵循鋤強扶弱、匡扶正義
的路數：受欺辱者弱女子被俠客搭救後學得一身武藝，最終救民於水火並手
刃仇敵。這種編排基本上是看了上文就能猜出下篇，當然，《紅俠》也不全是
小兒科，它也有點兒小小的意外之筆，或者說，看到最後，觀眾有著小小的

驚喜，那就是作爲副線的女主人公的愛情結局。但從整體上，你會很容易地發現，影片最重要的特徵就是「文以載道」的古典文學傳統，也就是舊市民電影主題思想上的教化性，即對傳統文化及其倫理綱常的圖像化和通俗化闡釋。

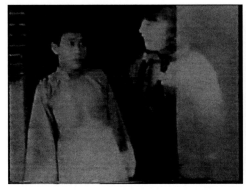

《紅俠》截圖之十九、二十

子、《紅俠》中的忠、孝、節、義

影片女主人公芸姑的表兄，無論對戀人芸姑，還是對自己的長輩即芸姑的祖母，都自始至終體現出一種忠誠姿態。也就是說，對於芸姑，他忠實於雙方的感情，後來他聽從了芸姑的建議另娶謝家小姐，則是忠誠的極端表現。對於芸姑的祖母，他先是在兵荒馬亂中始終陪護左右，老人家死後，他又爲其送終，使其入土爲安——這種行爲體現，就是中國人最看重的「忠孝合一」精神。作爲對比，影片中有一個反面形象，就是那個謝家的僕人。這個僕人由於私欲薰心，不僅賣主求榮，而且還趁人之危，明顯違背了「義主忠僕」的古訓。所以，芸姑的表兄善有善報，得娶佳人；謝家惡僕惡有惡報，被殺身死。「忠」字一線貫穿。

影片中的「孝」與「忠」站在一條起跑線上，同樣是影片主題思想的體現。芸姑爲什麼會捨棄戀人，拜師號稱白猿老人的俠客，最終成爲「紅俠」？爲的是替祖母報仇。爲長輩復仇，手刃仇人，這是中國傳統文化當中「孝」的體現形式之一。民間所謂「有仇不報非君子，萬古千秋作罵名」的說法，常常涵蓋這種情形。譬如，身爲人子，一定要報「殺父之仇」。《紅俠》中的惡人即軍閥，是導致芸姑祖母死亡的一個直接原因，他對芸姑圖謀不軌的罪惡倒在其次。所以，從這個角度上說，芸姑的復仇並不僅僅是爲自己。或者說，芸姑的復仇，更多的是爲了報祖母的仇、爲祖母盡孝道。

《紅俠》截圖之二十一、二十二

　　傳統倫理道德中的「節」，《紅俠》也表現得非常清楚。中國傳統文化中的「節」，主要針對的是對未婚女性貞節本身和對相關理念的維護。所以芸姑被惡人即軍閥綁架之後，面對可能的侮辱，其態度正如她本人表白的那樣，是「寧死不辱」。這是中國傳統文化當中相當重要的一個理念。在與影片同時代（也就是 1920 年代）的新文學作品當中，早已經將「愛情」置於婚姻倫理之上，同時也意味著超越了對女性肉體貞潔的約束。但因為舊市民電影所依賴和索取文化資源是舊文化、舊文學，亦即傳統文化，所以，貞節問題依然是一個高於生命的不二選擇。白猿老人的及時出手相救，與其說是路見不平拔刀相助，不如說是對傳統倫理道德中貞潔理念的即時維護。

　　《紅俠》中的「義」，實際上和所有武俠電影一樣，既是整個影片重要的表現形式，也是主導英雄人物行為意識的底限，即行俠仗義。譬如芸姑的師傅白猿老人，這個來路不明的俠客遊走江湖，其存在價值就是為了踐行狹義、為世人排憂解難。事實上，僅僅從《紅俠》一部影片，你就可以大致推算出 1920 年代的武俠片基本上都是如此模式。它的世俗意義在於，無論黑惡勢力在社會上怎樣氣焰囂張、不可一世，江湖上永遠都有一股正義的力量對其形成道德和行為上的制約。最終出現的，一定是「正義壓倒邪惡」，或曰「邪不壓正」的結局。因為只有如此，前述的「忠」、「孝」、「節」的理念和文化內涵才能到得彰顯和實現。

丑、《紅俠》：舊文藝與舊文學的影像版

　　之所以說《紅俠》這樣的武俠片是舊市民電影，一個主要原因是舊文化、舊文藝和舊文學的特徵在影片當中體現地非常充分，也就是說，《紅俠》實際上是舊文學的電子影像版。譬如，臺詞和字幕，基本上是半文不白，是「鴛

鴛蝴蝶派」典型的語言範式。又譬如，表兄思念芸姑，影片給出的字幕是「舊地重遊、不勝惆悵」。換算回紙質作品，這裡一定少不了詩詞歌賦的加入以渲染氣氛。所以影片當中，這一處先用了一個形象化的展示，即幻覺形象，然後再用一個疊畫返回現場。

　　其次，是《紅俠》的表演方式會讓你注意到，1929 年的武俠片，其舞臺表演的痕迹依然是相當濃重。譬如，敵我兩軍對陣時的隊形和陣勢，基本上是一隊士兵，十個人有八個人舉著旗子按照規定路線跑路。這實際是戲劇舞臺上四個龍套的擴大版。亦即它並不是從電影的角度或者從現實的角度來表現軍隊的陣仗，而是襲用戲劇表現的角度和層面。還有就是人物的一些肢體語言及其固定的架勢。譬如一個小嘍囉每次向大王稟報的時候，總是伸出雙臂虛報胸前，同時俯身做鞠躬狀。這個動作，我推測應該就是古典小說如《水滸傳》中常說的「唱個喏」，或者「唱個肥喏」。這樣的表演範式和肢體動作，應該說在戲劇當中所在多見。

　　第三，敘事模式上追求傳奇性。這是舊文學與新文學最重要的區別，即寫實與否，因爲舊文學更側重故事的傳奇性。《紅俠》這一點是表露無疑，自然就不無荒謬的地方。譬如惡人即軍閥，平時占山爲王，時不時出去掠奪財物女子，還有一個供其淫樂的閣樓。看到這裡難免會讓人想起華劇影片公司同一年出品的《雪中孤雛》，那裡面的壞人就有一個類似的場所，專門放置和折磨擄掠來的良家女子〔註3〕。這些東西，從當時新文學的角度來看的確是顯得荒誕不經，但當時的出品方和觀眾都樂此不疲。就是說，今天的人們認之是荒腔走板的東西，當時的許多觀眾其實是非常認同的〔註4〕。

　　第四，作爲舊文藝和舊文學電子影像版，舊市民電影並沒有改變它先前的紙質作品的傳播特性和藝術範式，那就是通俗易懂、老少皆宜。以《紅俠》爲例，首先，故事的展開是一個線性描述，從芸姑受辱、被救，直至學武歸來、報仇雪恨，始終照應著觀眾淺顯的理解和接受。其次，它的一些表現手法譬如「閃回」的運用，參照了傳統的通俗小說的手法，（講一個什麼事往往

〔註3〕對這部影片的專題討論，祈參見本書第六章的專門討論。
〔註4〕其實今天的觀眾也未必比當時的好出多少，譬如還有許多人熱愛和迷戀《十面埋伏》這類的武俠片。但我沒有覺得這些所謂新電影比民國時代的同類電影好到哪裡。什麼人在竹子上奔跑，水上玩兒漂移，人在懸崖峭壁上健步如飛，除了色彩和音樂，這些與《紅俠》之類並沒有本質區別。要說還有相同的，那就是荒誕不經的精神和敘事模式。

從頭說來，怎麼怎麼樣），就是為了強調故事的通俗性和流暢性。再次，就是苦情戲的配置。主人公芸姑娘一出場就值得人們同情：父母雙亡，與瞎了眼睛的祖母相依為命，自己又被賊人擄去，險遭不測不說，祖母又在逃難時悲慘死去。即使是配角，譬如那個可憐的謝家小姐，她捨身救父。最終被賊人性侵犯，同樣也是使用苦情戲的一種表現。

《紅俠》截圖之二十三、二十四

寅、《紅俠》：情色元素的大比例配置及其打鬥

情色元素應該說是《紅俠》的一大亮點，惡人即軍閥的八個侍女，但凡出場，始終是身著「三點式泳衣」的半裸；而由於原來影片拷貝的磨損，現今看上去幾乎近似全裸。這些鏡頭、場景所佔的篇幅之長，也大大出乎人們的預料。譬如不論劇情是否需要，這些侍女始終以 S 曲線造型對著鏡頭，而且前景、後景地均勻搭配，想不看到都很難，看不清楚也很難。因此，女性軀體的故意裸露和展示，既是一種赤裸裸的情色表現，也是一種有意為之的設計和配置方針。那麼，影片所要滿足的，首先是觀眾的視覺需求。換言之，在一定程度上說，包括武俠小說在內的通俗小說即舊文藝和舊文學，之所以有那麼多的讀者和那麼廣闊的市場，就是因為它能夠巧妙地借助所謂的傳奇性，來掙脫道德對於情色因素傳達的束縛，讓讀者/觀眾從中讀取很多渴求已久的性信息〔註5〕。

〔註 5〕這使我想起來大陸的 1980 年代，那時我正是二十歲，大學剛畢業參加工作的年紀。我對當時的文化態勢感覺是，一方面，精英文化以崛起之勢試圖影響主流話語，高歌猛進，另一方面，大眾文化卻是靜水深流，暗潮湧動。就情色影像而言，滿大街的錄像廳，武俠片打打殺殺中，帶出春色無邊。我是受害者，證據是，27 歲之前我沒看過一眼黃色錄像帶，31 歲前只看過一眼。

　　從這個意義上說，一方面，舊文藝和舊文學比新文藝和新文學更注重傳統道德的教化，但另一方面，其情色表現卻又比後者更爲大膽和出位。舊市民電影繼承了這一特點，在講述好人行俠仗義、救民於水火的「正經」故事的同時，又以批判的名義，不受約束地展覽壞人壞事，然後做出結論說，這是不對的。《紅俠》就是如此，因爲軍閥是惡人、壞人，所以他可以讓他的侍女基本全裸地出鏡；因爲如果他是好人，他身邊的女人就不可能穿那麼少，或者不可能是那種不正經的樣子〔註6〕。

〔註6〕最近盛傳日本的「全日空」要破產，據說有些買家摩拳擦掌，準備把公司的空姐制服全部買下來，除了自用，還打算送給自己的店員穿。幾年前大陸一家公司的總經理因爲性侵害案件被拘捕，此人的道德罪狀之一，就是他要求手下所有的女員工平時上班一律穿黑絲襪短裙高跟鞋。我估計，他對女員工也許還有其他具體的著裝指令細節沒有公佈。

《紅俠》中的情色鏡頭具體分佈，見下表：

時間段	時長（秒）	景　別	機　位	場景描述
14：51～14：56	6	全	固定	女子裸體下樓
14：57～15：02	6	中	搖	女子斟酒
15：09～15：13	5	全	固定	女子搔首弄姿
15：19～15：21	3	中	固定	西軍統領壓倒女子
15：26～15：28	3	全	固定	女子在旁站立
15：28～15：36	9	全	固定	女子站立旁邊
15：37～15：45	9	中	固定	統領調戲女子
16：11～16：17	7	全	固定	調戲女子
16：18～16：19	2	中	固定	調戲女子
16：19～16：20	2	全	固定	女子在旁邊
16：26～16：30	5	全	固定	向統領獻女子
16：31～16：39	9	全	固定	獻女子
16：41～16：43	3	中	固定	女子裸背
16：57～16：58	2	中	固定	將軍推開裸背女子
16：59～17：04	5	全	固定	將軍推開裸背女子
17：25～17：28	4	全	固定	裸體女子走到芸姑跟前
17：41～17：55	15	全	固定	裸體女子把芸姑押上樓去
18：12～18：15	4	全	固定	裸體女子勸說芸姑
18：27～18：30	4	全	固定	裸體女子勸說芸姑
18：31～18：36	6	全	固定	裸體女子勸說芸姑

《紅俠》截圖之二十五、二十六

18：37～18：43	7	中	固定	芸姑反抗
18：44～18：45	2	全	固定	反抗
18：58～19：03	5	全	固定	裸女報告將軍
19：04～19：07	4	全	固定	裸女報告將軍
19：08～19：14	7	全	固定	將軍上樓
19：25～19：33	8	中	固定	芸姑起身
19：34～19：39	6	全	固定	將軍走過來
19：58～20：02	5	全	固定	圍住芸姑
20：03～20：09	7	全	固定	脫芸姑衣服
20：10～20：14	5	近	固定	芸姑被脫光
20：17～20：23	6	近	固定	脫褲子
20：23～20：26	4	近	固定	芸姑
20：31～20：32	2	近	固定	腿
20：45～20：46	2	特	固定	芸姑
20：47～20：52	6	全	固定	眾女子離去
21：02～21：07	6	全	固定	眾女子離去
65：03～65：06	4	全	固定	眾女子把謝姑娘拉進來
65：07～65：11	5	全	固定	眾女子離去
65：12～65：20	9	全	固定	眾女子隨將軍下樓
66：01～66：04	4	全	固定	女子看管謝姑娘
66：23～66：26	4	全	固定	女子把謝姑娘拖進來

說明：影片中出現的半裸女體鏡頭共計 41 個，時長 177 秒。（圖表製作與數
據統計：喬潔瓊）

舊市民電影的特徵之一，就是少不了打鬥場景，這也是武俠片為什麼屬於舊市民電影的重要原因之一。以今天的視角來看《紅俠》的人物造型和武打設置，可以用 「荒腔走板、電閃雷鳴」來概括。譬如紅俠騰雲駕霧的行走方式，以及類似孫悟空的舞臺造型，著實有特別雷人之處。但這畢竟今人的感受，不能苛責先人。問題是，作為當時還算是很有影響、也很有代表性的武俠片，除了這些看上去極不靠譜的地方，《紅俠》其實很讓人失望。因為，無論是影片中打鬥所佔的比重，還是打鬥的模式、表現，並不比其他影片精彩多少。事實上，即使是不精彩的地方和荒誕不經的地方，也沒有超過其他同時期的影片。也就是說，無論是精彩的還是不精彩的，荒謬的還是不荒謬的，同一年的《雪中孤雛》能讓人們領略得更多。因此，我個人倒覺得，從某種程度上說，《紅俠》不應該被歸入武俠電影，稱其為情色電影或許更名副其實，至少給人的感覺更到位一些，觀賞上更自然和舒適一些。

這裡需要引起注意的地方是，武俠片，也就是舊市民電影中的打鬥，以及由此體現出的暴力元素和暴力性，被後來新電影之一的左翼電影全盤繼承並且發揚光大。舊市民電影中的打鬥，無論是否是武俠片，往往體現的是暴力的個體性，左翼電影這將其置換、提升為群體暴力，用於表現階級對抗尤其是階級暴力，進而逐漸演變為革命暴力——這一點又被 1949 後的大陸電影片面地繼承並且發揮到一個極致[21]。

《紅俠》截圖之二十七、二十八

丁、結語

現在看來，《紅俠》屬於舊市民電影沒有問題。看完片子，一個新問題是，與其把《紅俠》歸為武俠片，不如說它是情色片更符合事實。因為《紅俠》還體現出舊市民電影其他特徵，譬如低俗性[22][23]。這種低俗性，一

方面體現於它敘事的通俗性即大眾化上，另一方面，又體現爲審美方面一定的粗俗性。表現人體美的方式有千萬種，最色情的表現其實是「著衣」表現，即人們正常著裝時的色情活動。而《紅俠》的情色表達不加節制，爲裸而裸，結果給人以荒謬之感。譬如那幾乎全裸的八個女子經年累月地站在眾人面前晃來晃去，前後有三年之久。這種不顧及情節需要的情色表現，是其審美粗俗性的表現，距離色情的表達相差很遠。色情其實是一種比較高級的文化和享受，不是裸出來的就可以稱爲色情，如同一個人的修養，不能單憑一件事決定。《紅俠》的低俗性，正與大眾文化的特徵相符合，譬如就歐洲文學而言，「淫穢色情文學事實上是十八世紀新興的大眾文化的重要組成部分」[24]。

　　1929年出品的《紅俠》儘管是舊市民電影，但影片還是傳達出一定的、新的時代氣息。實際上，後期的舊市民電影，即1920年代末至1930年代初期的舊市民電影，已經多少出現了新電影的萌芽[25]。譬如《紅俠》中的謝家女子雖然失去了貞潔，但編導不僅把她安排給了芸姑的前戀人，也就是芸姑的表兄，而且還被對方欣然接受。接受的理由在今天仍然不失前衛和先鋒意味，曰：「愛在精神」。換言之，愛情與肉體的「缺失」無關，表兄的意思是說，只要精神純潔了，肉體的相對不純潔或者說是過失是可以被忽略的。今天你也不能說它錯，而在當時這顯然是種新觀念。爲什麼1929年的舊市民電影當中會出現了這種新的理念呢？這是因爲，到了1920年代末期，中國的雅、俗文化已經呈現「合流」的趨勢：從寫作技巧上，雅、俗文學相互學習、借鑒，從主題思想來說，雙方相互包容，不再是早期的對立了[26] P337～338。

　　武俠神怪片基本上是同類小說的電子影像版，現在公眾知道，至少有3部武俠片（即友聯影片公司1929年出品的《紅俠》、華劇影片公司1929年出品的《女俠白玫瑰》，以及友聯影片公司1930年出品的《荒江女俠》）保存在北京的中國電影資料館，並於2012年小範圍地公映過一次。凡是看過的人，我想，都不會否認其具有的舊市民電影特徵。另一方面，我也願意肯定地說，如果再公映更多此一時期的影像文本，恐怕也都是如此的表現路數。如果能證明我提出的舊市民電影論斷的錯誤，則中國早期電影研究幸甚。僅就這部新公映的《紅俠》而言，它實際上已經基本上證明了我的推斷。因此，再廣泛的討論，除非不得已，應該說已無必要。

《紅俠》截圖之二十九、三十

戊、多餘的話

　　子、為什麼《紅俠》一直不讓公眾看到？如果從 1949 年北京中國電影資料館就保存這《紅俠》的拷貝算起，到 2012 年館方對影片做了技術性修復後在資料館所屬的影廳公映為止，在《紅俠》被內部掌控不向公眾開放的時間竟有六十多年之久。沒看過影片時，我和許多研究者一樣，以為這就是一部武俠片，看過之後，我突然明白當局將其封存的根本原因了。原因其實很簡單，那就是擔心人民群眾的審美情趣和審美情商不高。其實我在影片未修復之前我就看到過一次內部放映，我發現一個有趣的現象，影片磨損最厲害的部分，幾乎全部是有人體裸露的段落——估計是被調用「批判」的次數和時間太多的原因造成的。幾年前我聽到一個相關領導親口答覆說：資料館就是專門給領導調用資料影片服務的，不是對公眾開放的。直到如今，這種衙門傳統依然保持著，雖然現今的民眾早已經把注意力轉到了具有無限可能的互聯網。

丑、《紅俠》中疑似的「排滿」傾向

　　我從《紅俠》中還發現一個有意義的信息，那就是直到 1920 年代末期，中國社會還存在著一定程度的「排滿」，即排斥前清統治階級——滿族的傾向和社會心理。這個證據來自於影片中那個反面人物的名字：金志滿。這個名字不應該是隨便起的。因為，直到 1937 年，中國早期電影對影片中出現的所有人物的姓名，始終是有一整套嚴格的命名邏輯和文化思路的。大體上，一般來說，演員姓什麼，他或她所扮演人物就姓什麼。譬如章志直、韓蘭根、阮玲玉。左翼電影出現後，左翼電影中的人物姓名，往往又具有一定

的價值取向和社會批判立場。譬如《桃李劫》，袁牧之和陳波兒扮演的男女主人公，分別叫陶建平、黎麗琳，他們的死亡，象徵著社會對青年知識分子的摧殘——兩個人的姓，照應著「桃、李」[註7]。《紅俠》出品於1929年，雖說距1911年清朝被推翻將近20年，但孫中山1905年倡導的「驅除韃虜，恢復中華，創立民國，平均地權」的十六字方針，還是深入人心的，因為那一代人正當其時，民族主義思想不可能全然純粹。

《紅俠》截圖之三十一、三十二

寅、芸姑為什麼不和自己的戀人結婚？

這是非常俗套的《紅俠》中很不俗套的地方，也是一開始我說的影片給觀眾的一個小小驚喜。按照常理來說，芸姑與表兄重逢之後，尤其是報了仇、雪了恨，盡了孝道之後，她完全可以，也應該和表兄結婚——表兄也是這麼想的。因為他們不僅是戀人，而且男的始終沒有忘記芸姑。但很拽的是，芸姑不僅沒有要嫁表兄的意思，反倒主動給表兄介紹了一個新女友，就是那個受辱未死的謝家小姐。更拽的是，芸姑還要這對新人當著她的面海誓山盟後。才心滿意足地騰雲駕霧地走了。這個問題我問了看過片子的學生，回答說可能是編導考慮到將來要編續集的原因，所以留下一個開放的結局。這個應該靠譜，最不靠譜的，是有人猜測紅俠要嫁給師傅——這是21世紀90後觀眾的正常心態。

卯、「軟性電影」與《盤絲洞》

之前我一直推測，類似《紅俠》的情色元素在1920年代的中國電影中應該是所在多見，可惜一直沒有看到直接的影像證據。從現有的文本看，1930

[註7] 對這部影片及這個問題的專題討論，祈參見拙著《黑白膠片的文化時態——1922～1936年中國早期電影現存文本讀解》。

年代的所謂「軟性電影」，其實就應該是早期情色電影在有聲片時代的新版本，而且側重於大腿舞。至 1940 年代，新一代的軟性電影已經兼具日本和美國電影聲色俱全的風格。

《紅俠》截圖之三十三、三十四

　　2012 年 10 月 15 日，在中國電影藝術研究中心、中國電影資料館舉辦的「中國早期電影學術論壇」上，大會主持人宣佈，華劇影片公司 1929 年出品的《盤絲洞》（殘片）拷貝已經在瑞典發現，中、外已經在聯手修復，不日即將回國公映云云。《盤絲洞》是典型的情色片，雖然不能保證我可以看到，但我想它應該能夠支持我的以上推斷。如有不信，敬請一同期待〔註8〕。

　　　　　　　　　　　初稿時間：2010 年 11 月 12 日
　　　　　　　　　　　初稿錄入：李豔
　　　　　　　　　　　二稿時間：2013 年 3 月 8 日～4 月 25 日
　　　　　　　　　　　三稿修訂：2014 年 2 月 17 日

〔註 8〕除了專業鏈接 2：和專業鏈接 3：、戊、多餘的話，以及之外，本章在收入本書前，甲（前面的話）、乙（舊市民電影的題材、主題、藝術範式和文化資源）兩部分，以及結語中的最後一個自然段（約 7000 字），曾以《舊市民電影的總體特徵——1922～1931 年中國早期電影概論》爲題，先行發表於《浙江傳媒學院學報》2013 年第 3 期（杭州，雙月刊）；本書的丙（《紅俠》所體現的舊市民電影特徵）及「結語」的第一、二自然段（約 5800 字），曾以《舊市民電影的又一新例證——以 1929 年友聯影片公司出品的武俠片〈紅俠〉爲例》，先行發表於《浙江傳媒學院學報》2013 年第 4 期。特此申明。

參考文獻

〔1〕程季華，中國電影發展史：第 1 卷〔M〕，北京：中國電影出版社，1963。

〔2〕李少白，中國電影史〔M〕，北京：高等教育出版社，2006。

〔3〕陸弘石，舒曉明，中國電影史〔M〕，北京：文化藝術出版社，1998。

〔4〕丁亞平，影像時代——中國電影簡史〔M〕，北京：中國廣播電視出版社，2008。

〔5〕李道新，中國電影文化史〔M〕，北京：北京大學出版社，2005。

〔6〕紫雨，新的電影字現實諸問題〔N〕，北京：晨報「每日電影」，1932-8-16//三十年代中國電影評論文選〔M〕，北京：中國電影出版社，1993：586。

〔7〕鄭君里，現代中國電影史略// 近代中國藝術發展史〔M〕，上海：良友圖書印刷公司，1936//中國無聲電影（四）〔M〕，北京：中國電影出版社，1996：1385。

〔8〕袁慶豐，1922～1936 年中國國產電影之流變——以現存的、公眾可以看到的文本作爲實證支撐〔J〕，合肥：學術界，2009（5）：245～253。

〔9〕袁慶豐，雅、俗文化互滲背景下的《姊妹花》〔J〕，北京：當代電影，2008（5）：88～90。

〔10〕袁慶豐，1922～1936 年中國國產電影之流變——以現存的、公眾可以看到的文本作爲實證支撐〔J〕，合肥：學術界，2009（5）：245～253。

〔11〕袁慶豐，黑白膠片的文化時態——1922～1936 年中國早期電影現存文本讀解〔M〕，上海三聯書店，2009（10）。

〔12〕袁慶豐，黑夜到來之前的中國電影：1937 年現存國產影片文本讀解〔M〕，北京：中國廣播電視出版社，2012（1）。

〔13〕袁慶豐，黑白膠片的文化時態——1922～1936 年中國早期電影現存文本讀解〔M〕，上海三聯書店，2009（10）。

〔14〕袁慶豐，黑夜到來之前的中國電影：1937 年現存國產影片文本讀解〔M〕，北京：中國廣播電視出版社，2012（1）。

〔15〕劍雲，操守與誘惑〔N〕，上海：明星特刊·火燒紅蓮寺號，1929-08-23（明星影片公司出版），//程季華，中國電影發展史：第 1 卷〔M〕，北京：中國電影出版社，1963：183。

〔16〕程季華，中國電影發展史：第 1 卷〔M〕，北京：中國電影出版社，1963。

〔17〕程季華，中國電影發展史：第 1 卷〔M〕，北京：中國電影出版社，1963。

〔18〕程季華，中國電影發展史：第 1 卷〔M〕，北京：中國電影出版社，
　　　1963。

〔19〕程季華，中國電影發展史：第 1 卷〔M〕，北京：中國電影出版社，
　　　1963。

〔20〕錢理群，溫儒敏，吳福輝，中國現代文學三十年（修訂本）〔M〕，北
　　　京大學出版社，1996。

〔21〕袁慶豐，《孤城烈女》：左翼電影在 1936 年的餘波回轉和傳遞〔J〕，青
　　　海師範大學學報，2008（6）：94～97。

〔22〕袁慶豐，對 1920 年代末期中國舊市民電影低俗性的樣本讀解——以
　　　1928 年大中華百合影片公司的《情海重吻》爲例〔J〕，浙江傳媒學院
　　　學報，2009（4）：30～36。

〔23〕袁慶豐，20 世紀 20 年代中國電影文化生態的低俗性及其實證讀解
　　　〔J〕，杭州師範大學學報，2009（4）：51～55。

〔24〕戴從容，經典與色情——讀《芬尼根的守情夜》〔J〕，北京：讀書，
　　　2013（2）：153。

〔25〕袁慶豐，論舊市民電影《啼笑因緣》的老和《南國之春》的新〔J〕，
　　　南京：揚子江評論，2007（2）：80～84。

〔26〕錢理群，溫儒敏，吳福輝，中國現代文學三十年（修訂本）〔M〕，北
　　　京大學出版社，1996。